KSIĄŻKA KUCHARSKA MOCHA, KTÓREJ NIE MOŻNA SIĘ OPRZEĆ

100 pysznych i kreatywnych sposobów na cieszenie się idealną mieszanką kawy i czekolady

Matylda Adamska

Prawa autorskie ©2023

Wszelkie prawa zastrzeżone

Żadna część tej książki nie może być wykorzystywana ani rozpowszechniana w jakiejkolwiek formie i w jakikolwiek sposób bez odpowiedniej pisemnej zgody wydawcy i właściciela praw autorskich, z wyjątkiem krótkich cytatów użytych w recenzji. Niniejsza książka nie powinna być traktowana jako substytut porady lekarskiej, prawnej lub innej porady zawodowej.

SPIS TREŚCI

SPIS TREŚCI 3
WSTĘP 6
ŚNIADANIE 7
   1. Naleśnik z kremem mokka 8
   2. Parfait śniadaniowy Mokka 11
   3. Tosty francuskie Mokka 13
   4. Naleśniki z Mokką 15
   5. Mokka Nocne płatki owsiane 17
   6. Budyń Mocha Chia 19
   7. Mokka Granola 21
   8. Ciasteczka mokka-migdałowe 23
   9. Miska śniadaniowa Mocha Quinoa 26
   10. Scones z Mokką 28
   11. Mokka Ciasteczka 30
   12. Rogaliki Mokka 33
PRZEKĄSKI 35
   13. Mokka Trufle Migdałowe 36
   14. Popcorn migdałowo-mokkowy 38
   15. Czekoladowe Cannoli Mocha 40
   16. Kłody mokki bez gotowania 43
   17. Mokka mrożone krople 45
   18. Napoleony mokka z białej czekolady 48
   19. Rogi z kremem mokka 51
   20. Makaroniki Mokka 54
   21. Kulki energetyczne Mocha 57
   22. Muffinki Mokka 59
   23. Kulki z likieru Mocha bez pieczenia 61
   24. Ravioli marcepanowe z sosem mokka 63
   25. Trufle Mokki 66
   26. Kulki energetyczne Mocha 68
   27. Mokka Kora 70
   28. Mokka Migdałowe ciasteczka mokka 72
   29. Brownie o smaku mokka 75
   30. Kwadraty Mokki 77
   31. Mocha Również siódme miejsce 80

32. Mokka Brownies z białą czekoladą.. 83
33. Mieszkania Mocha.. 86
34. Mokka z Ciemną Czekoladą... 89
35. Ciasteczka Mocha z białą czekoladą.. 92
36. Obroty Mocha... 94
37. Mocha – kruche ciastko pistacjowe... 96
38. Mocha Duńczycy.. 98
39. Ciasteczka Mokki.. 100
40. Ciasteczka owsiane Mocha.. 102
41. Czekoladowe ciasteczka z kawałkami toffi i mokką......................... 105
42. Żagle Kruche Mokka... 108
DESER **111**
43. Mokka Mus z orzechów laskowych... 112
44. Mokko-malinowy drobiazg.. 114
45. Kanapki z lodami mokka i migdałami... 116
46. mocha mambo tiramisu... 118
47. Waniliowe lody Mocha... 120
48. Mokka Krem Zmiażdżyć... 122
49. Migdałowa Krem Zmiażdżyć z Sosem Mocha................................. 124
50. Mokkowe Fondue... 126
51. Lody Mocha... 128
52. Sernik Mokka bez pieczenia.. 130
53. Mocha Marjolaine... 133
54. Mokka miętowe chipsy... 136
55. Mokka Mus Marshmallow.. 139
56. Ciasto mokka z toffi.. 141
57. Sorbet mokkowy... 144
58. Kopułki makaroników z orzechami laskowymi i mokką.................. 146
SOSY **149**
59. Sos Kahlua Mocha.. 150
60. Sos Krówkowy Mokka.. 152
61. Sos Mokka z Rumem... 154
62. Sos Mocha Tia Maria... 156
63. Sos z orzechów mokka.. 158
TRZĘSIE SIĘ I KOKTAJLE... **160**
64. Mrożona mokka z czarnego lasu.. 161
65. Koktajl białkowy Mocha... 163
66. Koktajl bananowo-mokkowy.. 165
67. Koktajl mleczny ze słodu mokka i karmelu Oreo............................ 167

68. Mokka Frappuccino 169
69. Mokka w starym stylu 171
70. Lawina błotna Mokki 173
71. Mokka Trzepnięcie 175
72. Mokka Martini 177

KAWA MOCHA 179

73. Klasyczna Mokka 180
74. Mrożona mocha cappuccino 182
75. Mocha Uderzony 184
76. Godiva Mocha Uderzony 186
77. Mrożone Mochaccino 188
78. Brazylijska Mocha Cola 190
79. Pikantna meksykańska mokka 192
80. Mokka miętowa 194
81. Mokka Malinowa 196
82. Mokka cynamonowo-pomarańczowa 198
83. Tosty z pianki marshmallow Cafe Mocha 200
84. Makieta Miętowy Mokka 202
85. Mokka z białej czekolady 204
86. Mokka kokosowa 206
87. Mokka włoska espresso 208
88. Mokka kakaowo-orzechowa 210
89. Mokka z białą czekoladą i malinami 212
90. Oryginalna kawa mrożona 214
91. Kawa o smaku mokki 216
92. Kawa Czekoladowa 218
93. Mokka włoskie espresso 220
94. Kawy czekoladowe 222
95. Czekoladowa Kawa Makaronik 224
96. Czekoladowo-miętowy pływak do kawy 226
97. Mokka kakaowo-orzechowa 228
98. Kawa czekoladowo-miętowa 230
99. Włoska kawa z czekoladą 232
100. Półsłodka mokka 234

WNIOSEK 236

WSTĘP

Witamy w „Książce kucharskiej Mocha", zachwycającej kolekcji przepisów, która łączy w sobie bogate i mocne smaki kawy z rozkoszną słodyczą czekolady. Niezależnie od tego, czy jesteś oddanym entuzjastą kawy, czy po prostu lubisz od czasu do czasu mokkę, ta książka kucharska została zaprojektowana, aby zaspokoić Twoje pragnienia i rozbudzić kubki smakowe.

Na tych stronach znajdziesz różnorodną gamę przepisów ukazujących wszechstronność mokki, od klasycznych ulubionych dań, takich jak mokka latte i ciasteczka, po pomysłowe wariacje na temat tradycyjnych potraw. Starannie dobraliśmy tę ofertę, aby zaspokoić potrzeby zarówno koneserów kawy, jak i tych, którzy po raz pierwszy chcą poznać zachwycający świat mokki.

Każdy przepis w tej książce kucharskiej został opracowany z miłością i precyzją, dzięki czemu każdy łyk i kęs zapewnia doskonałą równowagę gorzkich nut kawy i jedwabistej słodyczy czekolady. Niezależnie od tego, czy szukasz przytulnego drinka, którym możesz się delektować w deszczowy dzień, czy też efektownego deseru, który zrobi wrażenie na gościach, „Książka kucharska Mocha" jest dla Ciebie odpowiednia.

Zatem weź swój ulubiony kubek, odkurz fartuch i przygotuj się na kulinarną przygodę pełną mokki. Dzięki tym przepisom będziesz w stanie stworzyć przepyszne przysmaki, które sprawią, że każdy będzie miał ochotę na więcej. Zanurzmy się i wspólnie odkryjmy nieodparty świat mokki!

ŚNIADANIE

1. Naleśnik z kremem mokka

SKŁADNIKI:
NA Naleśniki:
- 1 Mąkę o wszechstronnym przeznaczeniu
- 2 łyżki kakao w proszku
- 2 łyżki granulowanego cukru
- ¼ łyżeczki soli
- 3 duże jajka
- 1 ¼ szklanki mleka
- 2 łyżki roztopionego, niesolonego masła
- 1 łyżeczka granulatu kawy rozpuszczalnej
- Spray do gotowania lub dodatkowe masło do natłuszczenia patelni

DO NADZIENIA KREMOWEGO MOCHA:
- 1 szklanka gęstej śmietanki
- 2 łyżki cukru pudru
- 1 łyżeczka kakao w proszku
- 1 łyżeczka granulatu kawy rozpuszczalnej
- ½ łyżeczki ekstraktu waniliowego

DODATKI OPCJONALNE:
- Syrop czekoladowy
- Bita śmietana
- Wiórki czekoladowe

INSTRUKCJE:
a) W misce wymieszaj mąkę, kakao, cukier granulowany i sól.
b) W osobnej misce wymieszaj jajka, roztopione masło z mleka i granulki kawy rozpuszczalnej, aż dobrze się połączą.
c) Stopniowo wlewaj mokre składniki do suchych, cały czas ubijając, aż uzyskasz gładkie ciasto.
d) Ciasto odstawiamy na około 10-15 minut, aby mąka nawilżyła się.
e) W międzyczasie przygotuj nadzienie z kremu mokka. W schłodzonej misce miksuj śmietankę, cukier puder, kakao, granulki kawy rozpuszczalnej i ekstrakt waniliowy, aż uzyskasz miękką pianę. Odstawić do lodówki do momentu użycia.
f) Rozgrzej patelnię z powłoką nieprzywierającą lub patelnię do naleśników na średnim ogniu. Lekko nasmaruj powierzchnię sprayem kuchennym lub masłem.
g) Wlać około ¼ szklanki ciasta naleśnikowego na patelnię, obracając nim, aby równomiernie pokryć dno.
h) Smaż naleśnik przez około 1-2 minuty, aż brzegi zaczną się rumienić, a spód stwardnieje.
i) Obróć naleśnik za pomocą szpatułki i smaż przez dodatkowe 1-2 minuty po drugiej stronie.
j) Usmażony naleśnik zdejmij z patelni i przełóż na talerz. Powtarzaj proces z pozostałym ciastem, aż wszystkie naleśniki będą upieczone.
k) Gdy naleśniki lekko ostygną, nałóż na każdy naleśnik dużą ilość kremu mokka.
l) Złóż naleśnik na ćwiartki lub zwiń, w zależności od upodobań.
m) Podawaj naleśniki z kremem mokka z opcjonalnymi dodatkami, takimi jak syrop czekoladowy, bita śmietana i wiórki czekoladowe.

2. Parfait śniadaniowy Mokka

SKŁADNIKI:
- 1 szklanka jogurtu greckiego
- 1 łyżka kakao w proszku
- 1 łyżka granulatu kawy rozpuszczalnej
- 1 łyżka miodu lub wybranego słodzika
- Granola i świeże jagody do układania warstw

INSTRUKCJE:

a) W misce wymieszaj jogurt grecki, kakao, granulki kawy rozpuszczalnej i miód.

b) Dobrze wymieszaj, aż mieszanina będzie gładka i składniki zostaną całkowicie połączone.

c) W szklanym słoiczku ułóż warstwę jogurtu mokka z granolą i świeżymi jagodami.

d) Powtarzaj warstwy, aż wypełnisz szklankę lub słoik.

e) Na wierzch połóż dodatkową porcję jogurtu mokka i udekoruj jagodami.

f) Podawaj parfait śniadaniowy z mokką natychmiast lub przechowuj w lodówce, aż będzie gotowy.

3.Tosty francuskie Mokka

SKŁADNIKI:
- 4 kromki chleba
- 2 duże jajka
- ¼ szklanki mleka (mlecznego lub roślinnego)
- 1 łyżka kakao w proszku
- 1 łyżka granulatu kawy rozpuszczalnej
- 1 łyżka cukru granulowanego
- Masło lub olej do smażenia
- Syrop klonowy i świeże jagody do podania (opcjonalnie)

INSTRUKCJE:

a) W płytkim naczyniu wymieszaj jajka, mleko, kakao, granulki kawy rozpuszczalnej i cukier.

b) Zanurzaj każdą kromkę chleba w powstałej mieszance i pozwól jej nasiąknąć przez kilka sekund z każdej strony.

c) Rozgrzej patelnię lub patelnię z powłoką nieprzywierającą na średnim ogniu i rozpuść trochę masła lub rozgrzej olej.

d) Na patelnię kładziemy namoczone kromki chleba i smażymy z każdej strony na złoty kolor.

e) Powtórz tę czynność z pozostałymi kromkami chleba, w razie potrzeby dodając więcej masła lub oleju.

f) W razie potrzeby podawaj francuskie tosty mokka z syropem klonowym i świeżymi jagodami.

4. Naleśniki z Mokką

SKŁADNIKI:

- 1 ½ szklanki mąki orkiszowej
- ¼ szklanki niesłodzonego kakao
- 3 łyżeczki rozpuszczalnego espresso w proszku
- 1 ½ łyżeczki proszku do pieczenia
- 1 łyżeczka sody oczyszczonej
- ½ łyżeczki soli
- 2 łyżki roztopionego oleju kokosowego
- 1 łyżeczka ekstraktu waniliowego
- 2 duże jajka, ubite
- 1 ¼ szklanki zwykłego kefiru

INSTRUKCJE:

a) Do miski dodaj mąkę orkiszową, kakao, proszek do espresso, proszek do pieczenia, sodę oczyszczoną i sól i wymieszaj, aby połączyć.

b) W drugiej misce wymieszaj olej kokosowy, wanilię, jajka i kefir, aż się dobrze połączą. Roztopiony olej kokosowy może stwardnieć po połączeniu z chłodniejszymi składnikami, więc jeśli chcesz, możesz lekko podgrzać kefir, aby temu zapobiec.

c) Do suchych składników dodać mokre i wymieszać do dokładnego połączenia.

d) Pozwól ciastu odpocząć przez 2 do 3 minut. Dzięki temu wszystkie składniki dobrze się połączą i ciasto będzie miało lepszą konsystencję.

e) Spryskaj patelnię lub patelnię z powłoką nieprzywierającą obficie olejem roślinnym i podgrzej na średnim ogniu.

f) Gdy patelnia będzie gorąca, dodaj ciasto za pomocą miarki o pojemności ¼ szklanki i wlej ciasto na patelnię, aby zrobić naleśnik. Użyj miarki, aby uformować naleśnik.

g) Smaż, aż boki będą gotowe, a na środku pojawią się bąbelki (około 2 do 3 minut), a następnie obróć naleśnik.

h) Gdy naleśnik będzie już upieczony z tej strony, zdejmij go z ognia i połóż na talerzu.

5. Mokka Nocne płatki owsiane

SKŁADNIKI:

- ½ szklanki płatków owsianych
- 1 szklanka mleka (mlecznego lub roślinnego)
- 1 łyżka kakao w proszku
- 1 łyżka granulatu kawy rozpuszczalnej
- 1 łyżka syropu klonowego
- 1 łyżka nasion chia (opcjonalnie)
- wiórki gorzkiej czekolady do dekoracji (opcjonalnie)

INSTRUKCJE:

a) W słoiku lub pojemniku połącz płatki owsiane, kakao w proszku, granulki kawy rozpuszczalnej i nasiona chia (jeśli używasz).
b) Do mieszanki dodaj mleko i syrop klonowy. Dobrze wymieszaj, aby połączyć.
c) Przykryj słoik i wstaw do lodówki na noc lub co najmniej 4 godziny.
d) Rano dobrze wymieszaj płatki owsiane i w razie potrzeby dodaj więcej mleka.
e) Udekoruj wiórkami ciemnej czekolady i delektuj się nocną owsianką mokką.

6. Budyń Mocha Chia

SKŁADNIKI:
- ¼ szklanki nasion chia
- 1 szklanka mleka (mlecznego lub roślinnego)
- 1 łyżka kakao w proszku
- 1 łyżka granulatu kawy rozpuszczalnej
- 1 łyżka miodu lub wybranego słodzika
- Kawałki ciemnej czekolady do dekoracji (opcjonalnie)

INSTRUKCJE:

a) W misce wymieszaj nasiona chia, kakao, granulki kawy rozpuszczalnej i miód.

b) Stopniowo wlewaj mleko cały czas ubijając, aby zapobiec grudkom.

c) Mieszaj, aż składniki dobrze się połączą i nie pozostaną grudki.

d) Przykryj miskę i wstaw do lodówki na co najmniej 4 godziny lub na całą noc.

e) Mieszaj mieszaninę po 30 minutach, aby zapobiec zbrylaniu.

f) Gdy pudding chia stwardnieje, wymieszaj go jeszcze raz i rozłóż do misek.

g) Udekoruj kawałkami ciemnej czekolady i ciesz się budyniem mocha chia.

7.Mokka Granola

SKŁADNIKI:

- 2 szklanki płatków owsianych
- ½ szklanki posiekanych migdałów
- ½ szklanki wiórków kokosowych
- ¼ szklanki kakao w proszku
- 2 łyżki granulatu kawy rozpuszczalnej
- 3 łyżki roztopionego oleju kokosowego
- 3 łyżki syropu klonowego
- ½ łyżeczki ekstraktu waniliowego

INSTRUKCJE:

a) Rozgrzej piekarnik do 165°C i wyłóż blachę do pieczenia papierem pergaminowym.
b) W dużej misce połącz płatki owsiane, posiekane migdały, wiórki kokosowe, kakao w proszku i granulki kawy rozpuszczalnej.
c) W osobnej misce wymieszaj roztopiony olej kokosowy, syrop klonowy i ekstrakt waniliowy.
d) Wlać mokre składniki do suchych i wymieszać, aż wszystko będzie równomiernie pokryte.
e) Rozłóż mieszaninę równą warstwą na przygotowanej blasze do pieczenia.
f) Piec 20-25 minut, mieszając w połowie czasu, aż granola będzie chrupiąca i złocistobrązowa.
g) Wyjmij z piekarnika i pozostaw do całkowitego ostygnięcia.
h) Po ostygnięciu przenieść do szczelnego pojemnika i przechowywać w temperaturze pokojowej.
i) Podawaj mokkę granolę z jogurtem, mlekiem lub jako dodatek do ulubionej miski śniadaniowej.

8. Ciasteczka mokka-migdałowe

SKŁADNIKI:

- 2 filiżanki mąki uniwersalnej
- ½ szklanki niesłodzonego kakao w proszku
- 1 łyżka granulatu kawy rozpuszczalnej
- 1 łyżeczka proszku do pieczenia
- ¼ łyżeczki soli
- ½ szklanki niesolonego masła, zmiękczonego
- 1 szklanka granulowanego cukru
- 2 duże jajka
- 1 łyżeczka ekstraktu waniliowego
- 1 szklanka posiekanych migdałów
- ½ szklanki półsłodkich kawałków czekolady

INSTRUKCJE:

a) Rozgrzej piekarnik do 175°C i wyłóż blachę do pieczenia papierem pergaminowym.
b) W misce wymieszaj mąkę, kakao w proszku, granulat kawy rozpuszczalnej, proszek do pieczenia i sól. Odłożyć na bok.
c) W osobnej misce utrzyj miękkie masło i granulowany cukier na jasną i puszystą masę.
d) Dodawaj jajka, jedno po drugim, dobrze ubijając po każdym dodaniu. Wymieszaj ekstrakt waniliowy.
e) Stopniowo dodawaj mieszaninę suchych składników do mieszanki masła, mieszając aż do połączenia.
f) Dodaj posiekane migdały i półsłodkie kawałki czekolady, aż będą równomiernie rozłożone w cieście.
g) Podziel ciasto na pół i z każdej połówki uformuj wałek o długości około 12 cali i szerokości 2 cali. Ułożyć bułki na przygotowanej blasze, zachowując odstępy między nimi.
h) Piec w nagrzanym piekarniku przez około 25-30 minut lub do czasu, aż polana się zetną i będą lekko twarde w dotyku.
i) Wyjmij blachę do pieczenia z piekarnika i pozostaw bułki do ostygnięcia na około 10-15 minut.
j) Zmniejsz temperaturę piekarnika do 325°F (165°C).
k) Za pomocą ostrego noża pokrój kłody ukośnie na plastry o grubości ½ cala. Ułóż kawałki Ciasteczka na blasze do pieczenia, przecięciem do dołu.
l) Piec Ciasteczka przez dodatkowe 10-15 minut lub do momentu, aż będą chrupiące i lekko przypieczone. W połowie pieczenia obróć biszkopt na drugą stronę, aby równomiernie się zarumienił.
m) Wyjmij z piekarnika i pozostaw Ciasteczka do całkowitego ostygnięcia na metalowej kratce.
n) Gdy Ciasteczka ostygną, są gotowe do spożycia. Przechowuj je w szczelnym pojemniku w temperaturze pokojowej do 2 tygodni.

9.Miska śniadaniowa Mocha Quinoa

SKŁADNIKI:

- ½ szklanki gotowanej komosy ryżowej
- ¼ szklanki jogurtu greckiego
- 1 łyżka kakao w proszku
- 1 łyżka granulatu kawy rozpuszczalnej
- 1 łyżka miodu lub wybranego słodzika
- Pokrojony banan i posiekane orzechy do posypania (opcjonalnie)

INSTRUKCJE:

a) W misce wymieszaj ugotowaną komosę ryżową, jogurt grecki, kakao, granulki kawy rozpuszczalnej i miód.
b) Dobrze wymieszaj, aż wszystkie składniki zostaną równomiernie połączone.
c) Przenieś mieszaninę do miski do serwowania.
d) W razie potrzeby posyp pokrojonym bananem i posiekanymi orzechami.
e) Rozkoszuj się miską śniadaniową z mokką i komosą ryżową jako pożywnym i satysfakcjonującym początkiem dnia.

10. Scones z Mokką

SKŁADNIKI:

- 2 filiżanki mąki uniwersalnej
- ¼ szklanki granulowanego cukru
- 2 łyżki granulatu kawy rozpuszczalnej
- 1 łyżka proszku do pieczenia
- ½ łyżeczki soli
- ½ szklanki zimnego, niesolonego masła, pokrojonego w kostkę
- ½ szklanki gęstej śmietanki
- ¼ filiżanki mocnej kawy parzonej, ostudzonej
- 1 łyżeczka ekstraktu waniliowego
- ½ szklanki półsłodkich kawałków czekolady (opcjonalnie)
- 1 jajko (do posmarowania jajka)
- Gruby cukier (do posypania, opcjonalnie)

INSTRUKCJE:

a) Rozgrzej piekarnik do 200°C i wyłóż blachę do pieczenia papierem pergaminowym.
b) W dużej misce wymieszaj mąkę, cukier granulowany, granulki kawy rozpuszczalnej, proszek do pieczenia i sól.
c) Do suchych składników dodać pokrojone w kostkę zimne masło. Za pomocą noża do ciasta lub palców włóż masło do suchej mieszanki, aż zacznie przypominać grube okruchy.
d) W osobnej misce połącz ciężką śmietankę, zaparzoną kawę i ekstrakt waniliowy.
e) Wlać mokre składniki do suchej mieszanki i wymieszać tylko do połączenia. Jeśli chcesz, dodaj półsłodkie kawałki czekolady.
f) Wyrośnięte ciasto wyłóż na blat posypany mąką i delikatnie zagniataj kilka razy, aż się połączy.
g) Rozwałkuj ciasto na okrąg o grubości około 1 cala. Pokrój okrąg na 8 klinów.
h) Ułóż scones na przygotowanej blasze do pieczenia. Roztrzep jajko i posmaruj nim wierzch bułeczek. Posyp gruboziarnistym cukrem, jeśli używasz.
i) Piec w nagrzanym piekarniku przez 15-18 minut lub do momentu, aż bułeczki staną się złotobrązowe, a wykałaczka wbita w środek będzie czysta.
j) Przed podaniem pozwól bułce Mocha ostygnąć na metalowej kratce.

11. Mokka Ciasteczka

SKŁADNIKI:
- 2 szklanki niebielonej mąki uniwersalnej
- 1 szklanka cukru
- ½ łyżeczki sody oczyszczonej
- ½ łyżeczki proszku do pieczenia
- ½ łyżeczki soli
- ½ łyżeczki mielonego cynamonu
- ½ łyżeczki mielonych goździków
- ¼ filiżanki mocnego, zimnego espresso
- 1 łyżka mocnego zaparzonego zimnego espresso
- 1 łyżka mleka
- 1 łyżeczka mleka
- 1 duże żółtko
- 1 łyżeczka ekstraktu waniliowego
- ¾ szklanki prażonych i grubo posiekanych orzechów laskowych
- ½ szklanki półsłodkich kawałków czekolady

INSTRUKCJE:

a) W misie elektrycznego miksera wyposażonego w nasadkę łopatkową wymieszaj mąkę, cukier, sodę oczyszczoną, proszek do pieczenia, sól, cynamon i goździki, aż dobrze się wymieszają.

b) W małej misce wymieszaj zimne espresso, mleko, żółtko i ekstrakt waniliowy. Dodaj tę mieszaninę do suchych składników w mikserze. Ubijaj, aż powstanie ciasto.

c) Wymieszać z prażonymi i posiekanymi orzechami laskowymi oraz półsłodkimi kawałkami czekolady.

d) Wyrośnięte ciasto wyłóż na posypaną mąką powierzchnię. Zagnieść kilka razy, a następnie podzielić na pół.

e) Oprószonymi mąką dłońmi uformuj każdą połowę ciasta w spłaszczony wałek o długości 12 cali i szerokości 2 cali. Umieścić kłody w odległości co najmniej 3 cali od siebie na dużej blasze do pieczenia wysmarowanej masłem i oprószonej mąką.

f) Piec kłody w środku nagrzanego piekarnika do temperatury 175°C przez 35 minut. Pozostawiamy do ostygnięcia na blasze ustawionej na kratce na około 10 minut.

g) Zmniejsz temperaturę piekarnika do 300°F (150°C). Na desce do krojenia pokrój kłody ukośnie na plasterki o grubości ¾ cala. Ułóż Ciasteczka na blasze do pieczenia, stroną przeciętą do dołu.

h) Piec przez 5 do 6 minut z każdej strony lub do momentu, aż staną się bladozłote.

i) Przenieś Ciasteczka na stojaki do studzenia i poczekaj, aż całkowicie ostygną.

j) Przechowuj Ciasteczka w szczelnych pojemnikach, aby zachować świeżość.

k) Ciesz się domowym ciastkiem Mocha!

12. Rogaliki Mokka

SKŁADNIKI:
- 1 porcja ciasta na croissanty (domowego lub kupionego w sklepie)
- ¼ filiżanki espresso lub mocnej kawy
- ½ szklanki kawałków czekolady
- ¼ szklanki posiekanych migdałów (opcjonalnie)
- Cukier puder do posypania

INSTRUKCJE:
a) Rozgrzej piekarnik zgodnie z instrukcją dotyczącą ciasta na rogaliki.
b) Ciasto na croissanty rozwałkowujemy i kroimy w trójkąty.
c) Zanurz każdy trójkąt w espresso lub kawie.
d) Posyp kawałki czekolady i pokrojone migdały (jeśli używasz) na każdy trójkąt.
e) Zwiń każdy trójkąt zaczynając od szerszego końca.
f) Rogaliki układamy na blasze do pieczenia i pieczemy zgodnie z instrukcją ciasta.
g) Po upieczeniu i ostudzeniu posyp je cukrem pudrem przed podaniem.

PRZEKĄSKI

13. Mokka Trufle Migdałowe

SKŁADNIKI:

- 2 łyżki wody
- 1 łyżka granulatu kawy rozpuszczalnej
- ¾ szklanki półsłodkich kawałków czekolady
- ¾ szklanki mielonych migdałów
- ¾ szklanki cukru cukierniczego, podzielone

INSTRUKCJE:

a) W średnim rondlu połącz wodę i granulki kawy na średnim ogniu, mieszając, aż granulki kawy się rozpuszczą.
b) Dodać czekoladę i mieszać aż się rozpuści.
c) Zdjąć z ognia i wymieszać z migdałami i ½ szklanki cukru pudru, aż masa będzie sztywna.
d) Uformuj 2 tuziny 1-calowych kulek, a następnie obtocz w pozostałej ¼ szklanki cukru cukierniczego.
e) Połóż na blasze do pieczenia i schładzaj przez 10 minut lub do momentu, aż ciasto będzie twarde.
f) Podawać lub przechowywać w szczelnym pojemniku do czasu podania.

14. Popcorn migdałowo-mokkowy

SKŁADNIKI:
- ½ filiżanki mocnej kawy
- ½ szklanki syropu z białej kukurydzy
- ¼ szklanki masła
- 1 szklanka brązowego cukru
- 1 łyżka kakao
- ½ szklanki popcornu
- 1 szklanka migdałów; posiekać tosty

INSTRUKCJE:

a) Do ciężkiego rondla włóż kawę, syrop kukurydziany, masło, brązowy cukier i kakao.

b) Gotuj na umiarkowanym ogniu do 280°C na termometrze cukierniczym.

c) Posyp prażoną kukurydzą i migdałami

15. Czekoladowe Cannoli Mocha

SKŁADNIKI:
MUSZLE CANNOLI:
- 2 prostokątne kawałki chleba
- 2 szklanki niesłodzonego, niemlecznego mleka, ja użyłam nerkowców
- ½ szklanki cukru trzcinowego lub innego nierafinowanego cukru, np. kokosowego
- ½ szklanki kakao w proszku
- 2 łyżeczki mielonego espresso
- ¼ łyżeczki soli morskiej

NADZIENIE CANNOLI:
- 1 ½ szklanki bardzo drobnej mąki migdałowej
- ½ szklanki kremu kokosowego
- ½ szklanki cukru trzcinowego lub innego nierafinowanego cukru, np. kokosowego
- ½ szklanki kakao w proszku
- ¼ szklanki niesłodzonego, niemlecznego mleka, ja użyłam nerkowców
- 3 łyżeczki octu jabłkowego
- 1 ½ łyżeczki mielonego espresso
- ¼ łyżeczki soli morskiej
- 4 łyżki bezmlecznych kawałków czekolady, najlepiej mini chipsy

INSTRUKCJE:

a) Pokrój każdy z prostokątów płaskiego chleba na 6 równych kawałków, najpierw przecinając środkowe dłuższe odcinki, a następnie wykonując 3 krótkie nacięcia, aby uzyskać 6 prostokątnych, kwadratowych kawałków.

b) Do jednej miski wlej mleko, a w drugiej wymieszaj pozostałe składniki skorupy cannoli (cukier, kakao, espresso i sól).

c) Zanurz każdy mały kawałek placka w mleku, poczekaj, aż trochę nasiąknie, a następnie obtocz go w polewie. Nakładam łyżką polewę na mokry kawałek chleba i strząsam jej nadmiar.

d) Następnie owiń każdy kawałek posypanego ciasta wokół rurki cannoli (lub tej, którą zrobiłeś tak jak ja) i połóż łączeniem do dołu na wyłożonej pergaminem blaszce z ciasteczkami. Można również zabezpieczyć go wykałaczką, ale łatwiej było mi po prostu położyć go szwem do dołu, aby utrzymać go na miejscu. Powinien być wystarczająco miękki, aby dobrze się trzymał.

e) Piec w temperaturze 175 C przez 25 minut lub do momentu, aż będą chrupiące.

f) W czasie gdy się pieczą, przygotuj nadzienie. Wszystkie składniki nadzienia, z wyjątkiem kawałków czekolady, włóż do robota kuchennego i zmiksuj, aż masa będzie miękka i gładka.

g) Dodaj kawałki czekolady i mieszaj, aż się lekko posiekają i dobrze połączą.

h) Włóż mieszaninę do lodówki, aby zgęstniała i osiadła.

i) Gdy skorupki cannoli będą gotowe, wyjmij je z piekarnika i poczekaj, aż całkowicie ostygną, a następnie wyjmij je z rurek na około 20 minut.

j) Używając plastikowej torby z odciętym rogiem lub torebki cukierniczej, napełnij każdą skorupkę cannoli czekoladową mieszanką nadzienia. Możesz ozdobić większą ilością kawałków czekolady, cukru pudru, kakao lub czegokolwiek innego!

k) Zjedz od razu, jeśli zostawisz je za długo, mogą zmięknąć.

16. Kłody mokki bez gotowania

SKŁADNIKI:
- 2 szklanki pokruszonych czekoladowych ciasteczek kanapkowych (takich jak ciasteczka Oreo).
- ½ szklanki cukru pudru
- ¼ szklanki niesłodzonego kakao w proszku
- 2 łyżki granulatu kawy rozpuszczalnej
- ½ szklanki słodzonego skondensowanego mleka
- ½ łyżeczki ekstraktu waniliowego
- ½ szklanki posiekanych orzechów (takich jak migdały lub orzechy włoskie) do dekoracji (opcjonalnie)

INSTRUKCJE:

a) W misce wymieszaj pokruszone ciasteczka czekoladowe, cukier puder, kakao w proszku i granulki kawy rozpuszczalnej. Dobrze wymieszaj, aby połączyć.

b) Do mieszanki dodać słodzone mleko skondensowane i ekstrakt waniliowy. Mieszaj, aż składniki dokładnie się połączą i powstanie gęste, lepkie ciasto.

c) Połóż duży arkusz folii plastikowej lub papieru woskowanego na czystej powierzchni.

d) Przełóż ciasto na folię i uformuj wałek o długości około 8-10 cali.

e) Zwiń kłodę szczelnie w plastikową folię, skręcając końce, aby dobrze ją uszczelnić. Upewnij się, że kłoda jest zwarta i równa.

f) Umieść owinięty kłodę w lodówce i schładzaj przez co najmniej 2 godziny lub do momentu, aż stwardnieje.

g) Gdy kłoda stwardnieje, wyjmij ją z lodówki i rozpakuj.

h) W razie potrzeby obtocz kłodę posiekanymi orzechami, delikatnie dociskając, aby orzechy przylegały do powierzchni.

i) Za pomocą ostrego noża pokrój kłodę na pojedyncze porcje o grubości około ½ cala.

j) Podawaj schłodzone kłody mokki bez gotowania. Można je przechowywać w szczelnym pojemniku w lodówce do tygodnia.

17. Mokka mrożone krople

SKŁADNIKI:
DLA PLIKÓW COOKIES:
- ½ szklanki niesolonego masła, zmiękczonego
- ¾ szklanki granulowanego cukru
- 1 duże jajko
- 1 łyżeczka ekstraktu waniliowego
- ½ szklanki kakao w proszku
- 1 ¼ szklanki mąki uniwersalnej
- ½ łyżeczki proszku do pieczenia
- ¼ łyżeczki soli
- ¼ szklanki mleka
- 1 łyżka granulatu kawy rozpuszczalnej

NA LUK MOCHA:
- ¼ szklanki niesolonego masła, miękkiego
- 1 ½ szklanki cukru pudru
- 1 łyżka kakao w proszku
- 1 łyżka granulatu kawy rozpuszczalnej
- 2-3 łyżki mleka
- Posypka czekoladowa lub kakao do dekoracji (opcjonalnie)

INSTRUKCJE
DLA PLIKÓW COOKIES:
a) Rozgrzej piekarnik do 175°C i wyłóż blachę do pieczenia papierem pergaminowym.
b) W małej misce połącz mleko i granulki kawy rozpuszczalnej. Mieszaj, aż kawa się rozpuści. Odłożyć na bok.
c) W dużej misce utrzyj miękkie masło i granulowany cukier na jasną i puszystą masę.
d) Ubij jajko i ekstrakt waniliowy, aż dobrze się połączą.
e) W osobnej misce wymieszaj kakao, mąkę uniwersalną, proszek do pieczenia i sól.
f) Stopniowo dodawaj mieszankę suchych składników do mieszanki masła, na zmianę z mieszanką mleka i kawy. Rozpocznij i zakończ suchymi składnikami, mieszając tylko do połączenia po każdym dodaniu.
g) Na przygotowaną blachę do pieczenia nakładać zaokrąglone łyżeczki ciasta, zachowując odstępy około 2 cali.
h) Piec w nagrzanym piekarniku przez około 10-12 minut lub do momentu, aż ciasteczka się zetną.
i) Wyjmij ciasteczka z piekarnika i pozostaw je na blasze do ostygnięcia na kilka minut, a następnie przenieś je na metalową kratkę, aby całkowicie ostygły.

NA LUK MOCHA:
j) W misce miksującej ubić zmiękczone masło na kremową masę.
k) Stopniowo dodawaj cukier puder, kakao i granulki kawy rozpuszczalnej. Mieszaj, aż dobrze się połączą.
l) Dodawaj mleko, po jednej łyżce na raz, i kontynuuj ubijanie, aż lukier osiągnie gładką i nadającą się do smarowania konsystencję.
m) Gdy ciasteczka całkowicie ostygną, posmaruj ich wierzch lukrem mokka.
n) Opcjonalnie: Udekoruj lukrowane ciasteczka posypką czekoladową lub posypką kakaową.
o) Przed podaniem poczekaj, aż lukier stwardnieje.

18. Napoleony mokka z białej czekolady

SKŁADNIKI:

- 1 arkusz ciasta francuskiego, rozmrożonego
- 4 uncje białej czekolady, posiekanej
- 1 szklanka gęstej śmietanki
- 2 łyżki cukru pudru
- 1 łyżka granulatu kawy rozpuszczalnej
- 1 łyżeczka ekstraktu waniliowego
- wiórki czekoladowe do dekoracji (opcjonalnie)

INSTRUKCJE:

a) Rozgrzej piekarnik do 200°C (400°F).

b) Rozwałkuj rozmrożony arkusz ciasta francuskiego na lekko posypanej mąką powierzchni, aby wygładzić wszelkie zagniecenia. Pokrój go w prostokąty, każdy o wymiarach około 4x3 cale.

c) Prostokąty ciasta układamy na blaszce wyłożonej papierem do pieczenia. Nakłuj powierzchnię ciasta widelcem, aby zapobiec nadmiernemu pęcznieniu podczas pieczenia.

d) Ciasto pieczemy w nagrzanym piekarniku przez około 12-15 minut lub do momentu, aż będzie złociste i puszyste. Wyjmij z piekarnika i pozostaw do całkowitego ostygnięcia na metalowej kratce.

e) W żaroodpornej misce rozpuść białą czekoladę na podwójnym ogniu lub w krótkich odstępach czasu w kuchence mikrofalowej, mieszając, aż masa będzie gładka. Odłóż na bok, by się delikatnie schłodziło.

f) W osobnej misce ubij śmietankę, cukier puder, granulki kawy rozpuszczalnej i ekstrakt waniliowy, aż uzyskasz miękką pianę.

g) Delikatnie wymieszaj roztopioną białą czekoladę z ubitą śmietaną, aż składniki dobrze się połączą.

h) Aby złożyć napoleony, weź jeden wystudzony prostokąt ciasta francuskiego i posmaruj go obficie warstwą nadzienia z białej czekolady do mokki.

i) Na wierzchu nadzienia połóż kolejny prostokąt z ciasta francuskiego i lekko dociśnij. Powtórz tę czynność z kolejną warstwą nadzienia i ostatnim prostokątem ciasta francuskiego.

j) Powtórz proces z pozostałymi prostokątami ciasta i nadzieniem, aby utworzyć dodatkowe napoleony.

k) Opcjonalnie: Posyp wiórkami czekolady zmontowane napoleony, aby uzyskać dodatkową dekorację.

l) Schładzaj napoleony w lodówce przez co najmniej 1 godzinę, aby nadzienie stwardniało, a smaki się połączyły.

m) Podawaj schłodzoną mokkę z białej czekolady i delektuj się pysznym połączeniem kruchego ciasta i kremowego nadzienia.

19.Rogi z kremem mokka

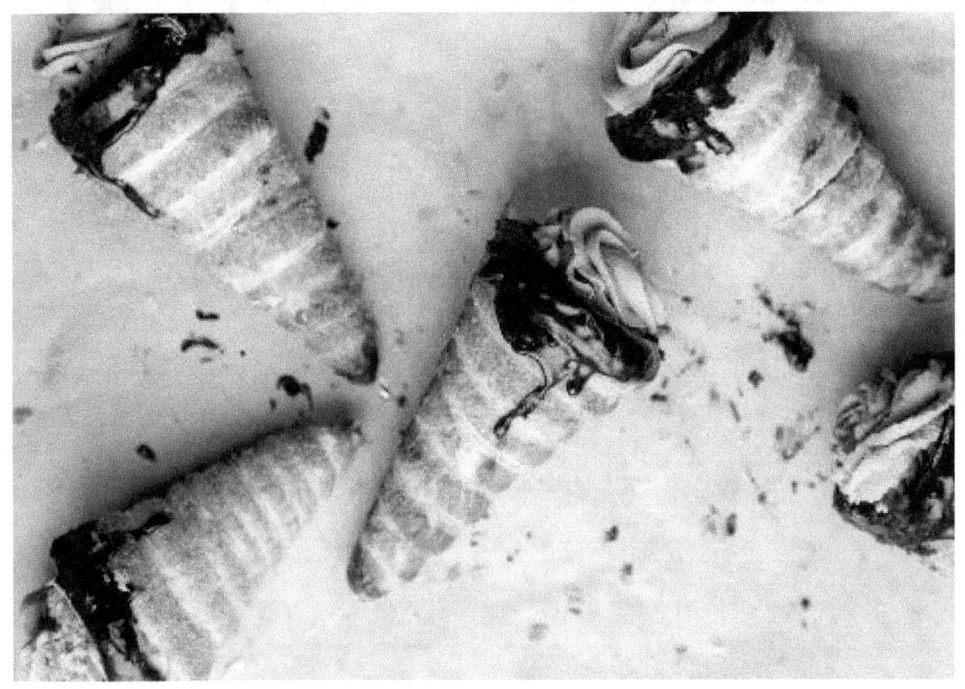

SKŁADNIKI:
- 1 opakowanie arkuszy ciasta francuskiego (rozmrożonego zgodnie z instrukcją na opakowaniu)
- 1 szklanka gęstej śmietanki
- 2 łyżki cukru pudru
- 1 łyżka kakao w proszku
- 1 łyżeczka granulatu kawy rozpuszczalnej
- ½ łyżeczki ekstraktu waniliowego
- ¼ szklanki kawałków czekolady (opcjonalnie, do skropienia)
- Cukier puder, do posypania

INSTRUKCJE:

a) Rozgrzej piekarnik do 200°C i wyłóż blachę do pieczenia papierem pergaminowym.
b) Rozwałkuj arkusze ciasta francuskiego na lekko posypanej mąką powierzchni na grubość około ⅛ cala.
c) Ciasto pokroić na długie i cienkie trójkąty. Rozmiar i liczba trójkątów będzie zależała od wielkości arkuszy ciasta francuskiego i pożądanej wielkości rogów kremu.
d) Weź każdy trójkąt i delikatnie zwiń go od szerszego końca w kierunku końcówki, tworząc kształt rogu. Uformowane rogi układamy na przygotowanej blasze, zostawiając między nimi odstęp.
e) Piec rogi ciasta w nagrzanym piekarniku przez około 12-15 minut lub do momentu, aż będą złocistobrązowe i puszyste. Wyjmij z piekarnika i pozwól im całkowicie ostygnąć.
f) W schłodzonej misce wymieszaj śmietankę, cukier puder, kakao, granulki kawy rozpuszczalnej i ekstrakt waniliowy. Ubijaj mikserem elektrycznym, aż utworzą się sztywne szczyty.
g) Napełnij rękaw cukierniczy z końcówką w kształcie gwiazdki mieszaniną kremu mokka.
h) Delikatnie odetnij spiczasty koniec każdego schłodzonego rogu ciasta, aby utworzyć otwór.
i) Wyciśnij krem mokka do rogów ciasta, wypełniając je. Zacznij od dołu i ruruj ruchem wirowym, aż dojdziesz do góry.
j) Opcjonalnie: W misce przeznaczonej do kuchenki mikrofalowej roztapiaj kawałki czekolady w 30-sekundowych odstępach, mieszając pomiędzy nimi, aż masa będzie gładka. Dla dodatkowej dekoracji polej roztopioną czekoladą wypełnione rogi z kremem.
k) Aby uzyskać dodatkowy akcent, posyp wypełnione kremowe rogi cukrem pudrem.
l) Podawaj i ciesz się pysznymi rogami z kremem mokka!

20.Makaroniki Mokka

SKŁADNIKI:

- 1 ¾ szklanki cukru pudru
- 1 szklanka mąki migdałowej
- 3 łyżki niesłodzonego kakao w proszku
- 2 łyżki granulatu kawy rozpuszczalnej
- 3 duże białka jaj
- ¼ szklanki granulowanego cukru
- ½ łyżeczki ekstraktu waniliowego
- Szczypta soli
- ½ szklanki roztopionej ciemnej czekolady (do maczania, opcjonalnie)

INSTRUKCJE:

a) Rozgrzej piekarnik do 165°C i wyłóż blachę do pieczenia papierem pergaminowym.
b) W misce przesiej razem cukier puder, mąkę migdałową, kakao w proszku i granulki kawy rozpuszczalnej. Odłożyć na bok.
c) W osobnej misce ubijaj białka na średnich obrotach, aż się spienią.
d) Stopniowo dodawaj cukier granulowany, ekstrakt waniliowy i sól do białek, kontynuując ubijanie. Zwiększ prędkość do maksymalnej i ubijaj, aż utworzy się sztywna piana.
e) Delikatnie wymieszaj mieszaninę suchych składników z ubitymi białkami, używając szpatułki. Mieszaj, aż ciasto będzie gładkie i dobrze połączone.
f) Ciasto makaronikowe przełóż do rękawa cukierniczego z okrągłą końcówką.
g) Wyciskaj małe krążki o średnicy około 1 cala na przygotowaną blachę do pieczenia. Zostaw trochę odstępu pomiędzy każdym makaronikiem.
h) Kilka razy postukaj blachą do pieczenia o blat, aby uwolnić pęcherzyki powietrza i delikatnie spłaszcz makaroniki.
i) Pozostaw makaroniki w temperaturze pokojowej na około 15-30 minut, aby na powierzchni utworzyła się lekka skórka.
j) Piec makaroniki w nagrzanym piekarniku przez około 12-15 minut lub do czasu, aż makaroniki się zetną i będą łatwo odrywać się od pergaminu.
k) Wyjmij makaroniki z piekarnika i poczekaj, aż całkowicie ostygną na blasze do pieczenia, a następnie przenieś je na metalową kratkę.
l) Opcjonalnie: Po całkowitym wystygnięciu makaroników zanurz spód każdego makaronika w roztopionej ciemnej czekoladzie. Połóż je z powrotem na pergaminie i poczekaj, aż czekolada zastygnie.
m) Przechowuj makaroniki mokka w szczelnym pojemniku w temperaturze pokojowej przez maksymalnie 3-4 dni.

21. Kulki energetyczne Mocha

SKŁADNIKI:

- 1 szklanka pestek daktyli
- ½ szklanki mąki migdałowej
- 2 łyżki kakao w proszku
- 2 łyżki granulatu kawy rozpuszczalnej
- ¼ szklanki masła migdałowego lub masła orzechowego
- ¼ szklanki wiórków kokosowych (opcjonalnie)

INSTRUKCJE:

a) W robocie kuchennym połącz pestki daktyli, mąkę migdałową, kakao w proszku i granulki kawy rozpuszczalnej.
b) Ubijaj pulsacyjnie, aż mieszanina zacznie się łączyć, a daktyle dobrze się połączą.
c) Do mieszanki dodać masło migdałowe lub masło orzechowe i ponownie miksować, aż powstanie lepkie ciasto.
d) Za pomocą rąk uformuj ciasto w małe kulki.
e) Jeśli chcesz, obtocz kulki energetyczne w wiórkach kokosowych, aby uzyskać dodatkowy efekt.
f) Kulki energetyczne umieść w szczelnym pojemniku i wstaw do lodówki na co najmniej 30 minut przed podaniem.
g) Rozkoszuj się kulkami energetycznymi mokki jako szybką i energetyzującą przekąską śniadaniową.

22.Muffinki Mokka

SKŁADNIKI:

- 2 filiżanki mąki uniwersalnej
- ¾ szklanki plus 1 łyżka cukru
- 2½ łyżeczki proszku do pieczenia
- 1 łyżeczka cynamonu
- ½ łyżeczki soli
- 1 szklanka mleka
- 2 łyżki plus ½ łyżeczki granulatu kawy rozpuszczalnej, podzielone
- ½ szklanki roztopionego masła
- 1 jajko, ubite
- 1 ½ łyżeczki ekstraktu waniliowego, podzielone
- 1 szklanka mini półsłodkich kawałków czekolady, podzielona
- ½ szklanki serka śmietankowego, miękkiego

INSTRUKCJE:

a) W dużej misce wymieszaj mąkę, cukier, proszek do pieczenia, cynamon i sól.

b) W osobnej misce wymieszaj mleko i 2 łyżki ziaren kawy, aż kawa się rozpuści.

c) Dodaj masło, jajko i jedną łyżeczkę wanilii; Dobrze wymieszać. Mieszaj z suchymi składnikami, aż zostaną zwilżone. Włóż ¾ szklanki kawałków czekolady.

d) Foremki na muffiny napełnij do ⅔ natłuszczonymi lub wyłożonymi papierem foremkami. Piec w temperaturze 375 stopni przez 17 do 20 minut. Studzimy przez 5 minut przed wyjęciem z patelni na metalową kratkę.

e) Połącz serek śmietankowy i pozostałe granulki kawy, wanilię i kawałki czekolady w robocie kuchennym lub blenderze. Przykryj i przetwarzaj, aż dobrze się wymiesza.

f) Przechowywać w lodówce do momentu podania. Podawać rozłożone z boku.

23.Kulki z likieru Mocha bez pieczenia

SKŁADNIKI:

- 2 szklanki pokruszonych ciastek czekoladowych waflowych
- 1 szklanka drobno posiekanych orzechów (takich jak migdały lub orzechy pekan)
- ½ szklanki cukru pudru
- 2 łyżki kakao w proszku
- ¼ szklanki likieru kawowego
- 2 łyżki granulatu kawy rozpuszczalnej
- 2 łyżki syropu kukurydzianego
- Cukier puder do obtoczenia

INSTRUKCJE:

a) W misce wymieszaj okruszki czekoladowych wafelków, posiekane orzechy, cukier puder i kakao.

b) W osobnej misce rozpuść granulki kawy rozpuszczalnej w likierze kawowym.

c) Wymieszaj mieszaninę likieru kawowego i syropu kukurydzianego z suchymi składnikami, aż dobrze się połączą.

d) Z powstałej mieszanki rękoma uformuj małe kulki.

e) Obtocz kulki w cukrze pudrze, tak aby je pokryły.

f) Ułóż kulki likieru mokka na blasze wyłożonej woskowanym papierem.

g) Odstawiamy kulki do stężenia w lodówce na co najmniej 1 godzinę.

h) Podawaj schłodzone i ciesz się dekadenckimi kulkami z likieru mokka bez pieczenia!

24. Ravioli marcepanowe z sosem mokka

SKŁADNIKI:
NA MARCEPANOWE RAVIOLI:
- 1 opakowanie kwadratowych owijek wonton
- 8 uncji marcepanu
- ¼ szklanki cukru pudru
- 1 łyżeczka ekstraktu waniliowego
- 1 roztrzepane jajko (do zapieczętowania ravioli)
- Olej roślinny do smażenia

NA SOS MOCHA:
- 1 szklanka gęstej śmietanki
- ¼ szklanki granulowanego cukru
- 2 łyżki niesłodzonego kakao w proszku
- 1 łyżka granulatu kawy rozpuszczalnej
- 1 łyżeczka ekstraktu waniliowego

INSTRUKCJE:

a) W misce wymieszaj marcepan, cukier puder i ekstrakt waniliowy. Mieszamy aż składniki dobrze się połączą, a marcepan będzie miękki i giętki.

b) Rozłóż kilka owijek wonton na czystej powierzchni. Umieść niewielką ilość mieszanki marcepanu na środku każdego opakowania, około 1-2 łyżeczki.

c) Zwilż krawędzie owijek wonton ubitym jajkiem. Złóż jeden róg opakowania po przekątnej nad nadzieniem, tworząc trójkąt. Mocno dociśnij krawędzie, aby je uszczelnić. Powtarzaj tę czynność z pozostałymi opakowaniami wontonu i nadzieniem marcepanowym, aż wykorzystasz je wszystkie.

d) Doprowadź garnek wody do delikatnego wrzenia. Ostrożnie wrzucaj ravioli na wrzącą wodę i gotuj przez około 2-3 minuty lub do momentu, aż wypłyną na powierzchnię. Wyjmować łyżką cedzakową i odstawić.

e) W małym rondlu wymieszaj ciężką śmietankę, cukier granulowany, kakao w proszku, granulki kawy rozpuszczalnej i ekstrakt waniliowy, aby uzyskać sos mokka. Podgrzewaj na średnim ogniu, ciągle mieszając, aż mieszanina będzie gładka i dobrze połączona.

f) Rozgrzej olej roślinny na głębokiej patelni lub frytownicy do temperatury 350°F (175°C). Ostrożnie wrzucaj ugotowane ravioli partiami na gorący olej i smaż na złoty kolor i chrupkość, około 2-3 minuty. Wyjąć z oleju i odsączyć na ręcznikach papierowych.

g) Podawać gorące ravioli z marcepanem, polane sosem mokka. Dla lepszej prezentacji można posypać wierzch cukrem pudrem lub kakao.

25. Trufle Mokki

SKŁADNIKI:

- 2 łyżki kawy rozpuszczalnej
- 2 łyżki cukru
- 2 łyżki gorącej wody
- 1 ½ szklanki pokruszonych herbatników (np. krakersów graham, ciastek Digestive)
- ½ szklanki roztopionej czekolady (gorzkiej, mlecznej lub białej)
- Proszek kakaowy do posypania

INSTRUKCJE:

a) W misce wymieszaj kawę rozpuszczalną, cukier i gorącą wodę, aż masa będzie gęsta i pienista.

b) W osobnej misce wymieszaj pokruszone ciasteczka i roztopioną czekoladę, aż składniki się dobrze połączą.

c) Delikatnie wymieszaj połowę ubitej mieszanki Mocha.

d) Z powstałej masy uformuj małe kulki i ułóż je na blasze wyłożonej papierem do pieczenia.

e) Przechowywać w lodówce przez około 30 minut, aby stwardniało.

f) Przed podaniem posyp trufle kakao.

g) Przechowywać w hermetycznym pojemniku w lodówce.

26. Kulki energetyczne Mocha

SKŁADNIKI:

- 2 łyżki kawy rozpuszczalnej
- 2 łyżki cukru
- 2 łyżki gorącej wody
- 1 szklanka płatków owsianych
- ½ szklanki masła orzechowego (np. masło orzechowe, masło migdałowe)
- ¼ szklanki miodu lub syropu klonowego
- ¼ szklanki mielonego siemienia lnianego
- ¼ szklanki wiórków kokosowych
- ¼ szklanki mini chipsów czekoladowych

INSTRUKCJE:

a) W misce wymieszaj kawę rozpuszczalną, cukier i gorącą wodę, aż masa będzie gęsta i pienista.
b) W dużej misce połącz płatki owsiane, masło orzechowe, miód lub syrop klonowy, zmielone siemię lniane, wiórki kokosowe i mini kawałki czekolady.
c) Delikatnie wymieszaj połowę ubitej mieszanki Mocha.
d) Mieszaj, aż wszystkie składniki dobrze się połączą.
e) Zwiń mieszaninę w kulki wielkości kęsa.
f) Kulki energetyczne układamy na blasze wyłożonej papierem do pieczenia.
g) Przechowywać w lodówce przez co najmniej 30 minut, aby stwardniało.
h) Przechowywać w hermetycznym pojemniku w lodówce.

27. Mokka Kora

SKŁADNIKI:

- 12 uncji posiekanej białej czekolady
- 1 łyżka granulatu kawy rozpuszczalnej
- ½ szklanki pokruszonych ziaren espresso w czekoladzie
- Szczypta soli

INSTRUKCJE:

a) Blachę do pieczenia wyłóż papierem pergaminowym.
b) W misce przeznaczonej do kuchenki mikrofalowej roztapiaj białą czekoladę w 30-sekundowych odstępach, mieszając pomiędzy nimi, aż masa będzie gładka.
c) Wymieszaj granulki kawy rozpuszczalnej i szczyptę soli.
d) Rozłóż mieszaninę na przygotowanej blasze do pieczenia.
e) Na wierzch równomiernie posypujemy pokruszonymi ziarnami espresso w czekoladzie.
f) Pozostawić do ostygnięcia i wstawić do lodówki na około 30 minut.
g) Po stwardnieniu połam korę mokki na kawałki i przechowuj ją w hermetycznym pojemniku.

28.Mokka Migdałowe ciasteczka mokka

SKŁADNIKI:
- 1 szklanka niesolonego masła, zmiękczonego
- 1 szklanka brązowego cukru, zapakowana
- 2 duże jajka
- 2 łyżki granulatu kawy rozpuszczalnej
- 2 łyżeczki ekstraktu migdałowego
- 2 ½ szklanki mąki uniwersalnej
- ¼ szklanki kakao w proszku
- 1 łyżeczka sody oczyszczonej
- ½ łyżeczki soli
- 1 szklanka posiekanych migdałów
- 1 szklanka kawałków czekolady

INSTRUKCJE:

a) Rozgrzej piekarnik do 175°C i wyłóż blachę do pieczenia papierem pergaminowym.

b) W dużej misce utrzyj miękkie masło i brązowy cukier, aż masa stanie się jasna i puszysta.

c) Dodawać po jednym jajku, dobrze miksując po każdym dodaniu.

d) Granulat kawy rozpuszczalnej rozpuszczamy w niewielkiej ilości ciepłej wody. Dodaj tę mieszankę kawy i ekstrakt migdałowy do mokrych składników. Mieszaj, aż dobrze się połączą.

e) W osobnej misce wymieszaj mąkę, kakao, sodę oczyszczoną i sól.

f) Stopniowo dodawaj suche składniki do mokrych, mieszaj, aż powstanie ciasto.

g) Wymieszaj posiekane migdały i kawałki czekolady, aż zostaną równomiernie rozłożone w cieście.

h) Za pomocą łyżki lub miarki do ciasteczek nakładać zaokrąglone łyżki ciasta na przygotowaną blachę do pieczenia, zachowując odstępy około 2 cali.

i) Każde ciasteczko lekko spłaszcz grzbietem łyżki lub palcami.

j) Piec w nagrzanym piekarniku przez 10-12 minut lub do momentu, aż brzegi się zetną, a środki będą nadal lekko miękkie. Uważaj, aby nie przesmażyć.

k) Wyjmij ciasteczka z piekarnika i pozostaw je na kilka minut do ostygnięcia na blasze do pieczenia, a następnie przenieś je na metalową kratkę, aby całkowicie ostygły.

l) Po ostygnięciu delektuj się domowymi ciasteczkami Mocha Almond Mocha z filiżanką ulubionej kawy lub Mokki!

29. Brownie o smaku mokka

SKŁADNIKI:
- 1 szklanka niesolonego masła
- 2 szklanki cukru
- 4 duże jajka
- 1 łyżeczka ekstraktu waniliowego
- 1 Mąkę o wszechstronnym przeznaczeniu
- ½ szklanki kakao w proszku
- ¼ łyżeczki soli
- 2 łyżki kawy rozpuszczalnej
- 2 łyżki gorącej wody

INSTRUKCJE:

a) Rozgrzej piekarnik do 175°C i natłuść naczynie do pieczenia.
b) W misce nadającej się do kuchenki mikrofalowej rozpuść masło.
c) W osobnej misce wymieszaj cukier, jajka i ekstrakt waniliowy, aż dobrze się połączą.
d) Do masy cukrowej dodajemy roztopione masło i mieszamy.
e) W drugiej misce wymieszaj mąkę, kakao i sól.
f) Stopniowo dodawaj suche składniki do mokrych, mieszaj tylko do połączenia.
g) W małej misce wymieszaj kawę rozpuszczalną i gorącą wodę, aż powstanie piana.
h) Delikatnie wmieszać piankę kawową do ciasta.
i) Ciasto wlać do przygotowanej formy do pieczenia i równomiernie rozprowadzić.
j) Piec 25-30 minut lub do momentu, aż po wbitej w środek wykałaczce wyjdzie kilka wilgotnych okruszków.
k) Pozostaw do ostygnięcia, a następnie pokrój w kwadraty i ciesz się ciasteczkami Mocha!

30.Kwadraty Mokki

SKŁADNIKI:
PIERWSZA WARSTWA:
- 1 Mąkę o wszechstronnym przeznaczeniu
- ½ szklanki cukru pudru
- ½ szklanki miękkiego masła
- 3 łyżeczki kryształków kawy rozpuszczalnej

DRUGA WARSTWA:
- 2 szklanki cukru pudru
- 1 łyżka kryształków kawy rozpuszczalnej (rozpuszczonych w 2 łyżkach gorącej wody)
- ½ szklanki miękkiego masła
- 1 jajko (lekko ubite, w temperaturze pokojowej)
- ½ szklanki mleka

NAJWYŻSZA WARSTWA:
- 4 uncje białej czekolady (4 kwadraty)
- 1 łyżka masła (rozpuszczonego w gorącej wodzie do natłuszczenia patelni)

OPCJONALNY EFEKT MARMURU:
- 2 uncje półsłodkiej czekolady (2 kwadraty)

INSTRUKCJE:
PIERWSZA WARSTWA:

a) Rozgrzej piekarnik do 175°C (350°F).

b) Nasmaruj masłem kwadratową formę do ciasta o średnicy 8 cali.

c) W misce miksującej dokładnie wymieszaj mąkę uniwersalną, cukier puder, miękkie masło i rozpuszczone w gorącej wodzie kryształki kawy rozpuszczalnej. Można do tego użyć robota kuchennego lub miksera elektrycznego.

d) Wciśnij tę mieszaninę równomiernie na dno natłuszczonej patelni.

e) Piec w nagrzanym piekarniku przez 10 minut. Następnie ostudź pierwszą warstwę na metalowej kratce.

DRUGA WARSTWA:

f) W dużej misce wymieszaj cukier puder, 1 łyżkę kryształków kawy rozpuszczonych w 2 łyżkach gorącej wody, miękkie masło i lekko ubite jajko o temperaturze pokojowej. Możesz użyć robota kuchennego lub miksera elektrycznego.

g) W garnku na średnim ogniu zagotuj mleko (podgrzewaj, aż po bokach pojawią się bąbelki, ale mleko nie będzie wrzeć).

h) Do zagotowanego mleka dodać mieszaninę z miski i podgrzewać przez 7 minut na średnim ogniu. Początkowo często mieszać, a następnie stale, gdy mieszanina zacznie wrzeć. Zmniejsz nieco ogień, jeśli zacznie przyklejać się do dna.
i) Mieszankę lekko ostudzić, a następnie wylać na ostudzoną pierwszą warstwę. Przechyl patelnię, aby równomiernie przykryć warstwę bazową.
j) Schłodzić w lodówce przez pół godziny lub do momentu stężenia.

TRZECIA WARSTWA:
k) W podwójnym bojlerze połącz 4 uncje białej czekolady i 1 łyżkę masła. Rozpuść je razem. Alternatywnie możesz roztopić je w kuchence mikrofalowej przez 1-1,5 minuty na poziomie Wysokim, mieszając w razie potrzeby.
l) Rozprowadź równomiernie roztopioną mieszaninę białej czekolady na schłodzonej drugiej warstwie za pomocą szpatułki lub tępego noża. Ta warstwa będzie dość cienka.

OPCJONALNY EFEKT MARMURU:
m) Jeśli chcesz uzyskać marmurkowy efekt, rozpuść 2 uncje półsłodkiej czekolady w podwójnym bojlerze lub w kuchence mikrofalowej (1-1,5 minuty na poziomie wysokim), mieszając, aż masa będzie gładka.
n) Wlej roztopioną półsłodką czekoladę do małej torebki strunowej, zamknij ją i odetnij róg nożyczkami.
o) Wyciśnij poziome linie półsłodkiej czekolady na warstwę białej czekolady.
p) Za pomocą tępego noża wymieszaj dwie czekoladki, aby uzyskać efekt marmurku.
q) Schładzaj, aż trzecia warstwa będzie prawie całkowicie stwardniała.
r) Zanim trzecia warstwa całkowicie stwardnieje, podziel deser na batony, aby ułatwić podanie. Ciesz się domowymi kwadratami Mocha!

31. Mocha Również siódme miejsce

SKŁADNIKI:
DLA WARSTWY DOLNEJ:
- ½ szklanki niesolonego masła
- ⅓ szklanki niesłodzonego kakao w proszku
- ¼ szklanki granulowanego cukru
- 1 jajko, lekko ubite
- 1 ½ szklanki okruszków krakersów graham
- 1 szklanka wiórków kokosowych
- ½ szklanki orzechów włoskich, drobno posiekanych
- 2 łyżki mleka

NA WARSTWĘ ŚRODKOWĄ (WYPEŁNIENIE):
- 3 łyżki niesolonego masła
- 2 łyżeczki rozpuszczalnego espresso w proszku (lub granulek kawy)
- ½ łyżeczki wanilii
- 2 szklanki cukru pudru (cukier puder)

NA GÓRNĄ WARSTWĘ (TOPPING):
- 4 uncje półsłodkiej czekolady, grubo posiekanej
- 1 łyżka niesolonego masła
- ½ łyżeczki rozpuszczalnego espresso w proszku

INSTRUKCJE:
PRZYGOTUJ WARSTWĘ DOLNĄ:

a) W ciężkim rondlu wymieszaj masło, kakao, cukier granulowany i lekko ubite jajko. Gotuj na małym ogniu, mieszając, aż masło się roztopi.

b) Zdejmij rondelek z ognia i dodaj okruchy krakersów graham, wiórki kokosowe, orzechy włoskie i mleko. Mieszaj, aż dobrze się połączą.

c) Wciśnij tę mieszaninę równomiernie do natłuszczonej kwadratowej formy do ciasta o średnicy 9 cali.

d) Piec w piekarniku nagrzanym do 180°C przez 10-12 minut lub do momentu, aż spód będzie twardy.

e) Pozostaw bazę do całkowitego ostygnięcia na metalowej kratce.

PRZYGOTUJ WARSTWĘ ŚRODKOWĄ (NADZIENIE):

f) W małym rondlu podgrzej mleko, 3 łyżki masła, espresso w proszku i wanilię na małym ogniu, aż masło się roztopi, a proszek espresso się rozpuści.

g) Przenieść tę mieszaninę do miski miksującej i pozostawić do ostygnięcia.

h) Ubijaj cukier puder, aż mieszanina zgęstnieje i stanie się gładka.

i) Powstałe nadzienie równomiernie rozsmaruj na schłodzonym spodzie.

j) Przechowywać w lodówce przez około 45 minut lub do momentu, aż nadzienie będzie twarde.

k) Przygotuj wierzchnią warstwę (posypkę):

l) Na górze podwójnego bojlera nad gorącą (nie wrzącą) wodą rozpuść półsłodką czekoladę, 1 łyżkę masła i ½ łyżeczki rozpuszczalnego espresso w proszku.

m) Po rozpuszczeniu i wygładzeniu równomiernie rozprowadź mieszaninę czekolady na warstwie nadzienia.

KOŃCOWE KROKI:

n) Za pomocą ostrego noża natnij górną warstwę czekolady w tabliczki. Ułatwia to późniejsze cięcie.

o) Batony należy przechowywać w lodówce, aż stwardnieje górna warstwa.

p) Pokroić w paski wzdłuż naciętych linii.

32. Mokka Brownies z białą czekoladą

SKŁADNIKI:
NA SOS:
- ⅔ szklanki śmietany do ubijania
- ¼ szklanki parzonej kawy Café Godiva Special Roast (temperatura pokojowa)
- 5 uncji importowanej białej czekolady, posiekanej
- ⅛ łyżeczki mielonej gałki muszkatołowej

NA BROWNIE:
- 1 ½ kostki (12 łyżek stołowych) niesolonego masła
- 4 ½ uncji niesłodzonej czekolady, posiekanej
- 2 łyżki zaparzonej Café Godiva Special Roast (temperatura pokojowa)
- ½ łyżeczki mielonego cynamonu
- 1 ½ szklanki cukru
- 3 duże jajka
- ¾ szklanki mąki uniwersalnej
- 3 uncje słodko-gorzkiej lub półsłodkiej czekolady, grubo posiekanej
- ½ szklanki posiekanych prażonych orzechów laskowych (bez skórki)
- Loki z gorzkiej czekolady (do dekoracji)
- Cukier cukierniczy (do dekoracji)

INSTRUKCJE:
NA SOS:
a) W małym, ciężkim rondlu zagotuj śmietankę i pieczeń Café Godiva Special Roast.
b) Dodać posiekaną białą czekoladę i mieszać na małym ogniu, aż masa będzie gładka i zacznie gęstnieć.
c) Dodać zmieloną gałkę muszkatołową i wymieszać. (Sos można przygotować dzień wcześniej. Przykryj i ostudź. Przed podaniem podgrzej go na małym ogniu, aż się rozpuści.)

NA BROWNIE:
d) Umieść stojak w dolnej jednej trzeciej części piekarnika i rozgrzej go do temperatury 350 stopni F (175°C).
e) Wyłóż folią kwadratową formę do pieczenia o średnicy 9 cali i bokach o wysokości 2 cali, tak aby folia zachodziła na boki. Folię posmaruj masłem i mąką.
f) W ciężkim, średnim rondlu wymieszaj pierwsze cztery składniki (masło, niesłodzoną czekoladę, Café Godiva Special
g) Piec i mielony cynamon) na małym ogniu, aż mieszanina będzie gładka. Pozwól mu lekko ostygnąć.
h) Wymieszaj 1 ½ szklanki cukru i jajka.
i) Dodaj mąkę, a następnie posiekaną gorzką czekoladę i posiekane orzechy laskowe.
j) Ciasto brownie przełożyć na przygotowaną blachę.
k) Piec, aż włożony w środek tester wyjdzie z wilgotnymi okruszkami, około 30 minut. Pozwól brownie ostygnąć na kratce. (Można je przygotować z maksymalnie 8-godzinnym wyprzedzeniem.)

PRZYGOTOWAĆ PORCJE:
l) Użyj boków folii jako pomocy przy wyjęciu brownie z patelni. Złóż boki folii.
m) Za pomocą okrągłej foremki do ciastek o średnicy 3 ¾ cala wytnij 4 rundy z ciasteczka, zachowując resztki do innego użytku.
n) Na każdym talerzu ułóż po jednym krążku brownie.
o) Każde brownie przykryj kawałkami czekolady.
p) Posmaruj ciasteczka ciepłym sosem z białej czekolady.
q) Każdą porcję przesiać cukier cukierniczy.
r) Rozkoszuj się pysznymi ciasteczkami Mocha z sosem z białej czekolady!

33. Mieszkania Mocha

SKŁADNIKI:
- 2 kostki niesłodzonej czekolady
- 2 filiżanki mąki uniwersalnej
- 1 łyżeczka cynamonu
- ¼ łyżeczki soli
- ½ szklanki tłuszczu
- ½ szklanki masła
- ½ szklanki białego cukru
- ½ szklanki brązowego cukru pudru
- 1 łyżka kryształków kawy rozpuszczalnej
- 1 łyżeczka wody
- 1 jajko
- 1 ½ szklanki półsłodkich kawałków czekolady
- 3 łyżki tłuszczu

DO SZKLIWIENIA:
- 1 ½ szklanki półsłodkich kawałków czekolady
- 3 łyżki tłuszczu

INSTRUKCJE:

a) W małym, ciężkim rondlu podgrzej i mieszaj niesłodzoną czekoladę, aż rozpuści się w gorącej wodzie w podwójnym bojlerze. Zdjąć z ognia i pozostawić do lekkiego ostygnięcia.

b) W osobnej misce wymieszaj mąkę, cynamon i sól.

c) W dużej misce miksera ubić ½ szklanki tłuszczu i masło mikserem elektrycznym ustawionym na średnią prędkość, aż masło zmięknie.

d) Dodaj biały cukier i brązowy cukier i ubijaj, aż mieszanina będzie puszysta.

e) Rozpuść kryształki kawy rozpuszczalnej w wodzie, następnie dodaj mieszankę kawową, roztopioną czekoladę i jajko do mieszanki maślanej. Pokonaj dobrze.

f) Dodaj mieszaninę mąki i ubijaj, aż wszystko zostanie dobrze wymieszane.

g) Przykryj ciasto i schładzaj je przez około 1 godzinę lub do czasu, aż będzie można je łatwo wyrobić.

h) Z ciasta uformuj dwa wałki o średnicy 7 cm. Zawiń je i schłódź przez co najmniej 6 godzin lub przez noc.

i) Schłodzone ciasto pokroić na półcentymetrowe plastry.

j) Połóż plasterki na nienatłuszczonej blasze do ciastek i piecz w temperaturze 350°F (175°C) przez 8 lub 9 minut.

k) Wyjmij ciasteczka z piekarnika i przenieś je na metalową kratkę, aby ostygły.

DO SZKLIWIENIA:

l) W małym, ciężkim rondlu podgrzej i mieszaj kawałki półsłodkiej czekolady i 3 łyżki tłuszczu piekarskiego na małym ogniu, aż się rozpuszczą.

m) Zanurz połowę każdego ciasteczka w mieszance czekoladowej.

n) Ułóż ciasteczka na woskowanym papierze, aż czekolada stwardnieje.

o) Ciesz się pysznymi Mokka Flats!

34. Mokka z Ciemną Czekoladą

SKŁADNIKI:
- 1 szklanka masła o temperaturze pokojowej
- ½ szklanki drobnego cukru (najlepiej cukier buraczany)
- ⅛ łyżeczki proszku waniliowego
- 4 łyżeczki drobno zmielonej kawy jęczmiennej (lub kawy rozpuszczalnej)
- 1 ¾ szklanki mąki uniwersalnej
- ¼ szklanki proszku maranty (lub skrobi do wyboru)
- 150 g roztopionej gorzkiej czekolady

INSTRUKCJE:

a) W dużej misce utrzyj masło o temperaturze pokojowej i drobny cukier przez około minutę, aż dobrze się połączą.

b) Do masy maślano-cukrowej dodaj drobno zmieloną kawę jęczmienną (lub kawę rozpuszczalną) i proszek waniliowy.

c) W osobnej misce przesiej razem mąkę uniwersalną i proszek z maranta (lub preferowaną skrobię).

d) Do masy maślanej dodać mąkę i wymieszać rękoma. Zagnieść mieszaninę, aż utworzy się ciasto. Początkowo mieszanina może wydawać się sucha, ale po kilku minutach ugniatania połączy się w zwartą kulę ciasta.

e) Z ciasta uformuj kulę, przykryj folią i włóż do lodówki na co najmniej 1 godzinę lub, jeśli wolisz, na całą noc.

f) Rozgrzej piekarnik do 165°C i wyłóż blachę do pieczenia papierem pergaminowym.

g) Ze schłodzonego ciasta uformuj kształty ziaren kawy, używając około 2 łyżek ciasta na każde ciasteczko.

h) Za pomocą grzbietu noża delikatnie naciśnij wzdłużne wcięcie na górze każdego ciasteczka. Należy uważać, aby nie docisnąć zbyt głęboko, gdyż ciasteczka podczas pieczenia będą się rozpływać.

i) Uformowane ciasteczka przełożyć na przygotowaną blachę i piec w nagrzanym piekarniku przez 15 minut.

j) Wyjmij ciasteczka z piekarnika i przesuń pergamin z ciasteczkami na drucianą kratkę, aby ostygły.

k) Podczas gdy ciasteczka ostygną, rozpuść ciemną czekoladę za pomocą podwójnego bojlera lub kuchenki mikrofalowej.

l) Zanurz jeden koniec każdego ciasteczka w roztopionej ciemnej czekoladzie.

m) Ciasteczka oblane czekoladą układamy na talerzach wyłożonych pergaminem i wstawiamy do lodówki, aż czekolada stwardnieje.

n) Gdy czekolada stwardnieje, podawaj i delektuj się zachwycającym połączeniem kruchego ciasta z dodatkiem mokki i bogatej ciemnej czekolady.

35. Ciasteczka Mocha z białą czekoladą

SKŁADNIKI:

- 1 szklanka niesolonego masła, zmiękczonego
- 1 szklanka granulowanego cukru
- 2 duże jajka
- 2 łyżeczki granulatu kawy rozpuszczalnej
- 2 łyżeczki ekstraktu waniliowego
- 2 ½ szklanki mąki uniwersalnej
- ½ szklanki kakao w proszku
- 1 łyżeczka sody oczyszczonej
- ½ łyżeczki soli
- 1 szklanka kawałków białej czekolady

INSTRUKCJE:

a) Rozgrzej piekarnik do 175°C i wyłóż blachę do pieczenia papierem pergaminowym.
b) W dużej misce utrzyj miękkie masło i granulowany cukier, aż masa będzie jasna i puszysta.
c) Dodawać po jednym jajku, dobrze miksując po każdym dodaniu.
d) Granulat kawy rozpuszczalnej rozpuszczamy w niewielkiej ilości gorącej wody. Dodaj tę mieszankę kawy i ekstrakt waniliowy do mokrych składników. Mieszaj, aż dobrze się połączą.
e) W osobnej misce wymieszaj mąkę, kakao, sodę oczyszczoną i sól.
f) Stopniowo dodawaj suche składniki do mokrych, mieszaj, aż powstanie ciasto.
g) Mieszaj kawałki białej czekolady, aż zostaną równomiernie rozłożone w cieście.
h) Za pomocą łyżki lub miarki do ciasteczek nakładać zaokrąglone łyżki ciasta na przygotowaną blachę do pieczenia, zachowując odstępy około 2 cali.
i) Każde ciasteczko lekko spłaszcz grzbietem łyżki lub palcami.
j) Piec w nagrzanym piekarniku przez 10-12 minut lub do momentu, aż brzegi się zetną, a środki będą nadal lekko miękkie. Uważaj, aby nie przesmażyć.
k) Wyjmij ciasteczka z piekarnika i pozostaw je na kilka minut do ostygnięcia na blasze do pieczenia, a następnie przenieś je na metalową kratkę, aby całkowicie ostygły.
l) Po ostygnięciu delektuj się tymi pysznymi ciasteczkami z białą czekoladą i mokką z filiżanką kawy lub mokki!

36. Obroty Mocha

SKŁADNIKI:

- 1 opakowanie arkuszy ciasta francuskiego (rozmrożone)
- ¼ szklanki granulatu kawy rozpuszczalnej
- ¼ szklanki gorącej wody
- ¼ szklanki granulowanego cukru
- 1 szklanka gęstej śmietanki
- ½ szklanki kawałków czekolady
- 1 jajko (do posmarowania jajka)
- Cukier puder (do posypania)

INSTRUKCJE:

a) Rozgrzej piekarnik do 190°C i wyłóż blachę do pieczenia papierem pergaminowym.
b) Rozpuść granulki kawy rozpuszczalnej w gorącej wodzie i pozostaw do ostygnięcia.
c) W osobnej misce ubij śmietankę i cukier granulowany, aż powstanie sztywna piana.
d) Do ubitej śmietanki dodajemy mieszankę kawową i mieszamy aż składniki dobrze się połączą.
e) Ciasto francuskie rozwałkowujemy i kroimy na kwadraty lub prostokąty.
f) Na połówkę każdego kwadratu ciasta nałóż łyżkę bitej śmietanki kawowej i posyp kawałkami czekolady.
g) Zawiń ciasto i sklej brzegi, dociskając widelcem.
h) Posmaruj placki roztrzepanym jajkiem i piecz przez około 15-20 minut lub do złotego koloru.
i) Przed podaniem posypujemy cukrem pudrem.

37. Mocha – kruche ciastko pistacjowe

SKŁADNIKI:

- 1 koperta Mieszanka kawy Mocha (0,77 uncji) z opakowania 2,65 uncji
- 1 łyżka wody
- ¾ szklanki masła lub miękkiej margaryny
- ½ szklanki cukru pudru
- 2 filiżanki mąki uniwersalnej
- 1 szklanka posiekanych orzechów pistacjowych
- 1 uncja półsłodkiej czekolady
- 1 łyżeczka tłuszczu

INSTRUKCJE:

a) Rozgrzej piekarnik do 350 stopni Fahrenheita (175 stopni Celsjusza).
b) W średniej wielkości misce rozpuść mieszankę kawy Mocha w wodzie.
c) Wymieszaj miękkie masło (lub margarynę) i cukier puder.
d) Do mieszanki dodaj mąkę uniwersalną i ½ szklanki posiekanych pistacji. W razie potrzeby możesz wymieszać rękami, aż powstanie sztywne ciasto.
e) Ciasto podzielić na dwie połowy.
f) Z każdej połówki uformuj kulkę, a następnie rozwałkuj każdą kulkę w okrąg o średnicy 6 cali i grubości około ½ cala na lekko posypanej mąką powierzchni.
g) Pokrój każdą rundę na 16 klinów.
h) Ułóż kliny na nienatłuszczonej blaszce z ciasteczkami, zachowując około ½ cala odstępu między nimi i skieruj końce w stronę środka.
i) Piecz około 15 minut lub do momentu, aż kruche ciasto będzie złocistobrązowe.
j) Natychmiast wyjmij ciasteczka z blachy i pozostaw je do całkowitego ostygnięcia na metalowej kratce.
k) Umieść pozostałe ½ szklanki posiekanych pistacji w małym naczyniu.
l) W osobnej małej misce, którą można podgrzewać w kuchence mikrofalowej, umieść półsłodką czekoladę i tłuszcz.
m) Kuchenkę mikrofalową bez przykrycia na średniej mocy przez 3 do 4 minut, mieszając po 2 minutach. Mieszanka powinna stać się gładka i mieć lejącą konsystencję.
n) Zanurz jeden brzeg każdego ciasteczka w roztopionej czekoladzie, a następnie w posiekanych pistacjach.
o) Ułóż ciasteczka na woskowanym papierze, aż czekolada stwardnieje i stwardnieje.

38.Mocha Duńczycy

SKŁADNIKI:

- 1 arkusz ciasta francuskiego (rozmrożonego)
- ¼ szklanki serka śmietankowego
- 2 łyżki granulatu kawy rozpuszczalnej
- 2 łyżki cukru pudru
- ¼ szklanki posiekanych orzechów włoskich (opcjonalnie)
- ¼ szklanki kawałków czekolady
- 1 jajko (do posmarowania jajka)

INSTRUKCJE:

a) Rozgrzej piekarnik do 190°C i wyłóż blachę do pieczenia papierem pergaminowym.
b) Ciasto francuskie rozwałkowujemy i kroimy na kwadraty lub prostokąty.
c) W małej misce wymieszaj serek śmietankowy, granulki kawy rozpuszczalnej i cukier puder, aż dobrze się połączą.
d) Na każdy kawałek ciasta francuskiego nałóż łyżkę mieszanki serka kawowo-kremowego.
e) Posyp posiekanymi orzechami włoskimi (jeśli używasz) i kawałkami czekolady na wierzchu.
f) Brzegi ciastek posmaruj roztrzepanym jajkiem.
g) Piec około 15-20 minut lub do momentu, aż ciasta staną się złotobrązowe.
h) Pozwól im lekko ostygnąć przed podaniem Mocha Danishes.

39. Ciasteczka Mokki

SKŁADNIKI:
- 2 łyżki kawy rozpuszczalnej
- 2 łyżki cukru
- 2 łyżki gorącej wody
- ½ szklanki niesolonego masła, zmiękczonego
- ½ szklanki granulowanego cukru
- ½ szklanki brązowego cukru
- 1 jajko
- 1 łyżeczka ekstraktu waniliowego
- 2 filiżanki mąki uniwersalnej
- ½ łyżeczki proszku do pieczenia
- ½ łyżeczki sody oczyszczonej
- ½ łyżeczki soli
- 1 szklanka kawałków czekolady

INSTRUKCJE:
a) W misce wymieszaj kawę rozpuszczalną, cukier i gorącą wodę, aż masa będzie gęsta i pienista.
b) Rozgrzej piekarnik do 175°C i wyłóż blachę do pieczenia papierem pergaminowym.
c) W dużej misce utrzyj miękkie masło, cukier granulowany i brązowy cukier.
d) Ubij jajko i ekstrakt waniliowy, aż dobrze się połączą.
e) W osobnej misce wymieszaj mąkę, proszek do pieczenia, sodę oczyszczoną i sól.
f) Stopniowo dodawaj suche składniki do mokrych, miksuj tylko do połączenia.
g) Delikatnie wymieszaj połowę ubitej mieszanki Mocha.
h) Włóż kawałki czekolady.
i) Na przygotowaną blachę do pieczenia nakładać zaokrąglonymi łyżkami ciasta.
j) Piec przez 10-12 minut lub do momentu, aż krawędzie staną się złotobrązowe.
k) Pozostaw ciasteczka na blasze do ostygnięcia na kilka minut, a następnie przełóż je na metalową kratkę, aby całkowicie ostygły.

40. Ciasteczka owsiane Mocha

SKŁADNIKI:

- 1 szklanka niesolonego masła, zmiękczonego
- 1 szklanka brązowego cukru, zapakowana
- 2 duże jajka
- 2 łyżki rozpuszczalnego espresso w proszku
- 1 łyżeczka ekstraktu waniliowego
- 1 ½ szklanki tradycyjnych płatków owsianych
- 1 ½ szklanki mąki uniwersalnej
- ½ łyżeczki sody oczyszczonej
- ½ łyżeczki soli
- 1 szklanka półsłodkich kawałków czekolady

INSTRUKCJE:

a) Rozgrzej piekarnik do 175°C i wyłóż blachę do pieczenia papierem pergaminowym.

b) W dużej misce utrzyj miękkie masło i brązowy cukier, aż masa stanie się jasna i puszysta.

c) Dodawać po jednym jajku, dobrze miksując po każdym dodaniu.

d) Rozpuść espresso w proszku w niewielkiej ilości gorącej wody. Dodaj tę mieszankę espresso i ekstrakt waniliowy do mokrych składników. Mieszaj, aż dobrze się połączą.

e) W osobnej misce wymieszaj płatki owsiane, mąkę, sodę oczyszczoną i sól.

f) Stopniowo dodawaj suche składniki do mokrych, mieszaj, aż powstanie ciasto.

g) Mieszaj półsłodkie kawałki czekolady, aż zostaną równomiernie rozłożone w cieście.

h) Za pomocą łyżki lub miarki do ciasteczek nakładać zaokrąglone łyżki ciasta na przygotowaną blachę do pieczenia, zachowując odstępy około 2 cali.

i) Każde ciasteczko lekko spłaszcz grzbietem łyżki lub palcami.

j) Piec w nagrzanym piekarniku przez 10-12 minut lub do momentu, aż brzegi się zetną, a środki będą nadal lekko miękkie. Uważaj, aby nie przesmażyć.

k) Wyjmij ciasteczka z piekarnika i pozostaw je na kilka minut do ostygnięcia na blasze do pieczenia, a następnie przenieś je na metalową kratkę, aby całkowicie ostygły.

l) Po ostygnięciu rozkoszuj się tymi wspaniałymi ciasteczkami owsianymi Mocha z filiżanką gorącej kawy lub ulubionej mokki!

41. Czekoladowe ciasteczka z kawałkami toffi i mokką

SKŁADNIKI:
- 6 uncji niesolonego masła, lekko zmiękczonego
- 5 ¼ uncji granulowanego cukru
- 6 uncji jasnobrązowego cukru
- 2 duże jajka
- 1 łyżeczka ekstraktu waniliowego
- 11 ¼ uncji niebielonej mąki uniwersalnej
- 1 łyżeczka sody oczyszczonej
- 1 łyżeczka soli
- ⅛ łyżeczki espresso w proszku
- ¼ łyżeczki mielonego cynamonu
- 7 uncji kawałków gorzkiej czekolady
- 7 uncji chipsów Mocha
- 3 uncje kawałków toffi

INSTRUKCJE:
a) Rozgrzej piekarnik do 175 stopni C (350 stopni F).
b) W misie miksera stacjonarnego, używając przystawki do łopatek, wymieszaj lekko zmiękczone masło, cukier granulowany i jasnobrązowy cukier na średniej prędkości przez około dwie minuty, aż mieszanina stanie się kremowa i dobrze połączona.
c) Dodawaj jajka, jedno po drugim i ubijaj za każdym razem, aż do całkowitego połączenia.
d) Dodaj ekstrakt waniliowy i ubijaj, aż mieszanina będzie dobrze wymieszana.
e) W osobnej średniej wielkości misce wymieszaj niebieloną mąkę uniwersalną, sodę oczyszczoną, sól, proszek espresso i mielony cynamon.
f) Stopniowo dodawaj suche składniki do mieszanki masła i cukru. Najpierw wymieszaj szpatułką, a następnie przełącz na końcówkę łopatkową i mieszaj, aż suche składniki zostaną włączone do ciasta.
g) Delikatnie wymieszaj kawałki gorzkiej czekolady, chipsy Mocha i kawałki toffi, aż zostaną równomiernie rozmieszczone w cieście.
h) Wyłóż blachy do pieczenia papierem pergaminowym. Używając łyżki stołowej lub zwykłej łyżki, ułóż ciasto w kopczykach na blachach do pieczenia, zachowując odstępy około dwóch cali.
i) Piecz ciasteczka jeden arkusz na raz w nagrzanym piekarniku przez około 12 minut lub do momentu, aż krawędzie będą lekko złociste. Środek powinien być nadal lekko miękki.
j) Wyjmij ciasteczka z piekarnika i pozostaw je do ostygnięcia na metalowej kratce.
k) Po ostygnięciu te ciasteczka z kawałkami czekolady i toffi są gotowe do spożycia. To zachwycająca mieszanka czekolady, mokki i toffi w każdym kęsie!

42. Żagle Kruche Mokka

SKŁADNIKI:
DLA PLIKÓW COOKIES:
- 2 łyżki kawy rozpuszczalnej w proszku
- 1 ¾ szklanki mąki uniwersalnej
- 2 łyżki mąki uniwersalnej
- ⅛ łyżeczki proszku do pieczenia
- ¾ łyżeczki soli
- 6 łyżek cukru
- 3 łyżki jasnego brązowego cukru
- 1 łyżeczka mielonego cynamonu
- 1 szklanka niesolonego masła, zimnego, pokrojonego w 1-calową kostkę
- 1 łyżka zaparzonej mocnej kawy
- ¼ łyżeczki ekstraktu waniliowego

DO SZKLIWIENIA:
- 7 uncji gorzkiej czekolady
- 1 ½ szklanki prażonych migdałów, drobno posiekanych

INSTRUKCJE:
DLA PLIKÓW COOKIES:
a) Do robota kuchennego włóż kawę rozpuszczalną, mąkę uniwersalną, proszek do pieczenia, sól, oba cukry i mielony cynamon i miksuj przez 5 sekund.

b) Rozłóż kostki zimnego masła na mieszance mąki w robocie kuchennym i miksuj, aż mieszanina będzie przypominała gruboziarnisty posiłek, około 10 sekund.

c) Przy włączonym robocie kuchennym wlej zaparzoną kawę i ekstrakt waniliowy przez rurkę doprowadzającą. Przetwarzaj, aż mieszanina się połączy, około 45 sekund. Podczas mieszania zatrzymaj maszynę raz, aby zeskrobać misę gumową szpatułką.

d) Umieść ciasto pomiędzy dwoma kawałkami folii i rozwałkuj je, tworząc kwadrat o boku 10 cali i grubości ⅜ cala. Przesuń ten kwadrat na blachę do pieczenia i wstaw do lodówki na 45 minut.

e) Rozgrzej piekarnik do 300 stopni Fahrenheita (150 stopni Celsjusza). Kilka blach do pieczenia wyłóż papierem pergaminowym lub lekko posmaruj olejem roślinnym.

f) Schłodzone ciasto pokroić na 25 kwadratów, a następnie każdy kwadrat przeciąć na pół po przekątnej, tak aby powstały trójkąty.

g) Za pomocą szpatułki ostrożnie przenieś trójkąty na przygotowane blachy do pieczenia, pozostawiając około 1-½ cala między każdym ciasteczkiem.

h) Piecz ciasteczka, aż będą lekko złociste i twarde w dotyku, około 25 do 30 minut. Po upieczeniu ciasteczka przekładamy na kratkę do ostygnięcia.

DO SZKLIWIENIA:

i) Rozpuść gorzką czekoladę na górze podwójnego kotła umieszczonego nad gotującą się wodą.

j) Drobno posiekane migdały włóż do małej miski.

k) Gdy ciasteczka ostygną, zanurz podstawę każdego trójkąta na głębokość około ¾ cala w roztopionej czekoladzie, a następnie w posiekanych migdałach.

l) Ułóż ciasteczka na papierze pergaminowym, papierze woskowanym lub folii aluminiowej i odstaw na kilka godzin. Możesz przyspieszyć proces wiązania, wkładając ciasteczka do lodówki.

m) Jeśli chcesz cieszyć się ciasteczkami już pierwszego dnia, możesz położyć je na talerzu lub zostawić na blasze. Następnie ułóż ciasteczka w szczelnym pojemniku, używając folii plastikowej, pergaminu lub woskowanego papieru pomiędzy warstwami i przechowuj pojemnik w zamrażarce na okres do 2 tygodni.

n) Przed podaniem doprowadź ciasteczka do temperatury pokojowej.

DESER

43. Mokka Mus z orzechów laskowych

SKŁADNIKI:

- 1 szklanka gęstej śmietanki
- ¼ szklanki cukru pudru
- 2 łyżki kakao w proszku
- 2 łyżki granulatu kawy rozpuszczalnej
- 1 łyżeczka ekstraktu waniliowego
- ¼ szklanki kremu z orzechów laskowych (np. Nutella)
- Bita śmietana i pokruszone orzechy laskowe do dekoracji (opcjonalnie)

INSTRUKCJE:

a) W misce miksującej ubij śmietankę, cukier puder, kakao, kawę rozpuszczalną i ekstrakt waniliowy, aż uzyskasz miękką pianę.

b) Delikatnie wymieszaj masę orzechową, aż składniki dobrze się połączą.

c) Rozłóż masę musową do szklanek lub misek.

d) Wstawić do lodówki na co najmniej 2 godziny, aby mus stwardniał.

e) Przed podaniem udekoruj kleksem bitej śmietany i, jeśli chcesz, posyp pokruszonymi orzechami laskowymi.

44. Mokko-malinowy drobiazg

SKŁADNIKI:

- 1 funt biszkoptu czekoladowego
- ⅓ szklanki Kahlua
- 1 funt malin, świeżych lub mrożonych
- 3 ½ uncji ciemnej czekolady
- 1⅓ szklanki śmietanki do ubijania
- 4 żółtka jaj
- ¼ szklanki skrobi kukurydzianej
- ¾ szklanki cukru
- 1 ½ szklanki mleka
- 1 łyżka kawy rozpuszczalnej w proszku
- 1 łyżka wody, gorąca
- 2 łyżeczki wanilii
- 1⅓ szklanki śmietanki do ubijania

INSTRUKCJE:

a) Ciasto pokroić na 10-12 kawałków. Połowę plasterków włóż do małej miski. Posypać równomiernie połową Kahlua, na wierzchu ułożyć połowę malin, posypać ⅓ czekolady i posmarować połową kremu. Powtórz warstwy.

b) Udekorować bitą śmietaną, pozostałą gorzką czekoladą i dodatkowymi malinami. Krem kawowy: Ubij żółtka, skrobię kukurydzianą i cukier na patelni, aż masa będzie gładka. W osobnym rondelku podgrzej mleko i stopniowo dodawaj do masy żółtkowej. Gotuj, ciągle mieszając, aż mieszanina się zagotuje i zgęstnieje.

c) Dodaj połączoną kawę, wodę i wanilię, przykryj powierzchnię folią, aby zapobiec tworzeniu się kożucha, i ostudź do temperatury pokojowej. Ubij śmietanę, aż utworzą się miękkie szczyty i dodaj ją do kremu.

45. Kanapki z lodami mokka i migdałami

SKŁADNIKI:

- 1 ½ szklanki mąki uniwersalnej
- ¼ szklanki niesłodzonego kakao w proszku
- ½ łyżeczki sody oczyszczonej
- ¼ łyżeczki soli
- ½ szklanki niesolonego masła, zmiękczonego
- ½ szklanki granulowanego cukru
- ½ szklanki brązowego cukru pudru
- 1 duże jajko
- 1 łyżeczka ekstraktu waniliowego
- 1 łyżka granulatu kawy rozpuszczalnej
- ½ szklanki posiekanych migdałów
- 1-litrowe lody mokka lub czekolada

INSTRUKCJE:

a) Rozgrzej piekarnik do 190°C i wyłóż blachę do pieczenia papierem pergaminowym.
b) W misce wymieszaj mąkę, kakao, sodę oczyszczoną i sól.
c) W osobnej misce utrzyj miękkie masło, cukier granulowany i brązowy cukier na jasną i puszystą masę. Dodaj jajko i ekstrakt waniliowy i mieszaj, aż dobrze się połączą.
d) Granulat kawy rozpuszczalnej rozpuścić w 1 łyżce gorącej wody. Dodaj mieszankę kawową do mieszanki maślanej i mieszaj, aż składniki zostaną równomiernie połączone.
e) Stopniowo dodawaj suche składniki do masy maślanej i mieszaj, aż się połączą. Wmieszać posiekane migdały.
f) Na przygotowaną blachę do pieczenia nakładać zaokrąglone łyżki ciasta, zachowując odstępy około 2 cali. Każdą kulkę ciasta lekko spłaszcz dłonią.
g) Piec przez 10-12 minut lub do momentu, aż krawędzie się zetną. Pozwól ciastkom całkowicie ostygnąć.
h) Weź gałkę lodów mokka lub czekoladowych i włóż ją pomiędzy dwa ciasteczka.
i) Przed podaniem kanapki z lodami włóż do zamrażarki na co najmniej 1 godzinę, aby stwardniały.

46. mocha mambo tiramisu

SKŁADNIKI:
- Opakowanie 10,75 uncji ciasta funtowego o obniżonej zawartości tłuszczu
- ⅓ filiżanki Schłodzonego espresso lub kawy o podwójnej mocy
- 1 litr lodów Starbucks Low Fat Mocha Mambo; zmiękczony
- 2 łyżeczki drobno zmielonego espresso lub kawy Starbucks
- 2 szklanki beztłuszczowej mrożonej bitej polewy
- 8 ziaren kawy w czekoladzie do dekoracji

INSTRUKCJE:
a) Formę na bochenek o wymiarach 9 x 5 cali wyłóż plastikową folią. Ciasto biszkoptowe pokroić poziomo na cztery plasterki. Umieść jedną funtową warstwę ciasta w foremce do pieczenia, w razie potrzeby pokrój ciasto tak, aby pasowało.
b) Skrop ciasto jedną trzecią ⅓ filiżanki schłodzonego espresso lub kawy; posmaruj ⅓ kwarty lodu Starbucks Low Fat Mocha Mambo
c) Krem do równomiernego pokrycia ciasta funtowego; powtórz dwa razy z pozostałym ciastem, espresso i lodami, kończąc na ciastku funtowym.
d) Przykryj ciasto i zamroź, aż będzie twarde (około 2-3 godziny).
e) Przed podaniem wyjmij bochenek i folię z formy.
f) Drobno zmielone espresso wymieszaj z ubitą polewą. Powstałą mieszanką posmaruj górę i boki bochenka.
g) Udekoruj ziarnami kawy w czekoladzie.

47.Waniliowe lody Mocha

SKŁADNIKI:

- ½ łyżeczki ekstraktu waniliowego, czystego
- 4 łyżki masła, niesolonego
- 2 łyżki gęstej śmietany
- ½ łyżeczki ekstraktu kawowego
- ½ łyżki kakao w proszku, niesłodzonego
- 4 łyżki oleju kokosowego
- Stewia do smaku

INSTRUKCJE:

a) Na początek umieść masło w misce przeznaczonej do kuchenki mikrofalowej i podgrzej je, aż stanie się płynne. Mieszaj śmietanę, aż dobrze się połączy. Wyjmij go w bezpieczne miejsce, aby ostygł.

b) Gdy ostygnie, wrzuć ekstrakt waniliowy i dokładnie wymieszaj. Napełnij foremki do lodów tą mieszanką. Pozostawić do stwardnienia w lodówce na około 30 minut. W osobnej misce połącz ekstrakt kawy, olej kokosowy, kakao w proszku i stewię, aż dobrze się połączą i będą gładkie.

c) Wyjmij laskę wanilii z lodówki i polej ją mieszanką mokki. Po dodaniu patyczków do lodów należy je włożyć do zamrażarki na 20–30 minut przed podaniem.

48.Mokka Krem Zmiażdżyć

SKŁADNIKI:

- 400 ml wody
- 800 ml pojedynczego kremu
- 200 ml cukru
- 2 łyżeczki gorącej czekolady w proszku
- 2 łyżeczki kawy
- żelatyna
- Likier kawowy
- Ekstrakt waniliowy

INSTRUKCJE:

a) Namoczyć żelatynę i pozostawić w wodzie na 10 minut. Zagotuj 200 ml wody, dodaj dwie łyżki kawy i 100 ml cukru lub więcej (w zależności od upodobań), wyłącz ogień i powoli dodawaj 400 ml śmietanki, nie przestając dobrze mieszać.

b) Dodać odrobinę wanilii i połowę namoczonego listka żelatyny. Upewnij się, że płyn jest dobrze wymieszany i wlej go do ulubionej filiżanki lub szklanki.

c) Pozostawić w lodówce na 2 godziny.

d) Następnie zrób to samo, ale zamiast kawy dodaj do wody gorącą czekoladę. Gdy warstwa kawy ostygnie, nałóż ją na warstwę czekoladową i pozostaw na kolejne 2-3 godziny.

e) Potrzebujesz dwóch oddzielnych przezroczystych warstw, jednej kawy i jednej gorącej czekolady.

f) Dodaj na wierzch łyżkę likieru kawowego i ciesz się smakiem zimnej mokki.

49. Migdałowa Krem Zmiażdżyć z Sosem Mocha

SKŁADNIKI:
- 1 szklanka całych, blanszowanych migdałów, prażonych
- ⅔ szklanki cukru
- 1 koperta bezsmakowej żelatyny
- 2 szklanki śmietany do ubijania
- ½ szklanki mleka
- ⅛ łyżeczki soli
- Migdały w plasterkach, prażone

SOS MOCHA
- 4-uncjowa posiekana gorzka lub półsłodka czekolada
- ⅔ szklanki śmietany do ubijania
- ¼ szklanki) cukru
- 1 łyżeczka kawy rozpuszczalnej w proszku espresso

INSTRUKCJE:
a) Całe migdały włóż do robota kuchennego. Przykryj i przetwarzaj, aby uzyskać gładkie masło; odłożyć na bok.

b) W średnim rondlu wymieszaj cukier i żelatynę. Dodaj śmietanę. Gotuj i mieszaj na średnim ogniu, aż żelatyna się rozpuści. Zdjąć z ognia. Wymieszaj masło migdałowe, mleko i sól. Wlać do sześciu pojedynczych foremek o pojemności 6 uncji, kokilek lub filiżanek do kremu. Przykryj i schłódź przez 6 do 24 godzin lub do momentu stwardnienia.

c) Za pomocą noża oddziel panna cottę od brzegów naczyń i przełóż ją na sześć talerzy deserowych. Połóż Krem Zmiażdżyć łyżką lub skrop sosem mokka. Podawać z pozostałym sosem i według uznania udekorować plasterkami migdałów.

SOS MOCHA
d) W małym rondlu gotujemy i mieszamy na małym ogniu posiekaną gorzką lub półsłodką czekoladę, aż się rozpuści. Wymieszaj śmietankę, cukier i kawę rozpuszczalną w proszku lub kryształki kawy rozpuszczalnej.

e) Gotuj i mieszaj na średnim ogniu przez około 3 minuty lub tylko do momentu, aż brzegi zaczną się pienić. Podawać na ciepło.

50.Mokkowe Fondue

SKŁADNIKI:

- 8 uncji półsłodkiej czekolady
- ½ filiżanki gorącego espresso lub kawy
- 3 łyżki granulowanego cukru
- 2 łyżki masła
- ½ łyżeczki ekstraktu waniliowego

INSTRUKCJE:

a) Czekoladę pokrój na małe kawałki i odłóż na bok
b) Podgrzej espresso i cukier w garnku do fondue na małym ogniu
c) Mieszając, powoli dodawaj czekoladę i masło
d) Dodaj wanilię
e) Opcjonalnie: dodaj odrobinę irlandzkiego kremu

51. Lody Mocha

SKŁADNIKI:
- 1 szklanka mleka kokosowego
- ¼ szklanki wegańskiej gęstej śmietanki
- 2 łyżki erytrytolu
- 20 kropli Płynnej Stewii
- 2 łyżki proszku kakaowego
- 1 łyżka kawy rozpuszczalnej
- Mennica

INSTRUKCJE:
a) Wszystkie składniki zmiksować, następnie przełożyć do maszyny do lodów i ubijać według instrukcji producenta przez 15-20 minut.
b) Gdy lody są miękko zamrożone, podawaj je od razu z listkiem mięty.

52. Sernik Mokka bez pieczenia

SKŁADNIKI:
BAZA BISKUPOWA
- 300 g produktów trawiennych
- 150 g niesolonego masła
- 25 g proszku kakaowego

NADZIENIE SERNIKOWE
- 150 g mlecznej czekolady
- 2 łyżeczki kawy obozowej
- 500 g pełnotłustego serka śmietankowego
- 100 g cukru pudru
- 1 łyżeczka ekstraktu waniliowego
- 300 ml śmietanki podwójnej

DEKORACJA
- 100 g mlecznej czekolady
- 150 ml śmietanki podwójnej
- 2 łyżki cukru pudru
- 1 łyżeczka kawy obozowej
- Posypka

INSTRUKCJE
NA PODSTAWĘ BISKUPÓW

a) Zmiksuj produkty trawienne w robocie kuchennym z proszkiem kakaowym, aż uzyskasz drobny okruszek.

b) Wymieszaj ciastka z roztopionym masłem i wciśnij je na dno tortownicy o głębokości 20 cm i wstaw do lodówki na czas przygotowania nadzienia!

DO WYPEŁNIENIA

c) Ostrożnie rozpuść mleczną czekoladę i odstaw na bok, aby lekko przestygła.

d) Używając elektrycznego miksera, wymieszaj serek śmietankowy, wanilię i cukier puder na gładką masę.

e) Dodaj podwójną śmietanę i wymieszaj, aż się połączy.

f) Podziel mieszaninę do dwóch misek. Do połowy dodać roztopioną mleczną czekoladę i wymieszać. W drugiej dodaj ekstrakt kawy obozowej i mieszaj, aż również się połączą.

g) Po wymieszaniu nakładać losowo masę na spód ciasteczkowy i wymieszać. Wygładź wierzch i wstaw do lodówki na ponad 6 godzin, aby stwardniało, a najlepiej na całą noc.

DO DEKORACJI

h) Po stężeniu wyjąć z puszki. Ubij śmietankę, ekstrakt kawy obozowej i cukier puder, aż masa będzie gęsta i nadająca się do wyciskania.

i) Skropić roztopioną mleczną czekoladą, wycisnąć pyszną bitą śmietanę kawową i posypać piękną posypką!

53. Mocha Marjolaine

SKŁADNIKI:
NA WARSTWY BEZOWE:
- 4 duże białka jaj
- 1 szklanka granulowanego cukru
- ½ szklanki mielonych migdałów
- ¼ łyżeczki kremu z kamienia nazębnego

NA KREM MASŁA MOCHA:
- 1 ½ szklanki niesolonego masła, zmiękczonego
- 2 szklanki cukru pudru
- 2 łyżki niesłodzonego kakao w proszku
- 2 łyżki kawy rozpuszczalnej rozpuścić w 2 łyżkach gorącej wody
- 1 łyżeczka ekstraktu waniliowego

DO MONTAŻU:
- ½ szklanki gorzkiej czekolady, posiekanej
- ¼ szklanki gęstej śmietanki
- Opcjonalnie: wiórki czekoladowe lub kakao do dekoracji

INSTRUKCJE:

a) Rozgrzej piekarnik do 165°C i wyłóż dwie blachy do pieczenia papierem pergaminowym.

b) W misce miksującej ubić białka na pianę. Dodaj krem z kamienia nazębnego i kontynuuj ubijanie, aż utworzą się miękkie szczyty.

c) Stopniowo dodawaj granulowany cukier, łyżka po łyżce, wciąż ubijając, aż masa będzie sztywna i błyszcząca.

d) Delikatnie wymieszaj zmielone migdały, aż zostaną równomiernie połączone.

e) Podziel masę bezową na pół i każdą połówkę rozłóż na przygotowanej blasze w kształcie prostokąta. Staraj się uzyskać grubość około ¼ cala.

f) Piec w nagrzanym piekarniku przez około 20-25 minut lub do momentu, aż warstwy bezy będą lekko złociste i chrupiące. Wyjmij z piekarnika i pozwól im całkowicie ostygnąć.

g) W misce miksującej ubić zmiękczone masło na kremową masę. Stopniowo dodawaj cukier puder, kakao, rozpuszczoną kawę i ekstrakt waniliowy. Ubijaj, aż masa będzie gładka i puszysta.

h) Gdy warstwy bezowe ostygną, na wierzch jednej warstwy nałóż dużą ilość kremu maślanego mokka.

i) Na wierzchu ułóż drugą warstwę bezy, delikatnie dociskając, aby się przykleiła.

j) W misce przystosowanej do kuchenki mikrofalowej podgrzewaj ciemną czekoladę i gęstą śmietankę w 30-sekundowych odstępach, mieszając pomiędzy nimi, aż czekolada się rozpuści i masa będzie gładka. Niech lekko ostygnie.

k) Wlać czekoladowy ganache na wierzch zmontowanej mokki marjolaine, pozwalając, aby spłynął po bokach.

l) Opcjonalnie: Posyp wierzch wiórkami czekolady lub posyp kakao w celu dekoracji.

m) Przechowuj mokkę Marjolaine w lodówce przez co najmniej 2-3 godziny lub do momentu, aż krem maślany będzie twardy.

n) Pokrój i podawaj pyszną mokkę Marjolaine jako dekadencki deser.

54. Mokka miętowe chipsy

SKŁADNIKI:

- ½ szklanki niesolonego masła, zmiękczonego
- ¾ szklanki granulowanego cukru
- 1 duże jajko
- 1 łyżeczka ekstraktu waniliowego
- ½ łyżeczki ekstraktu z mięty pieprzowej
- 1 ¼ szklanki mąki uniwersalnej
- ¼ szklanki niesłodzonego kakao w proszku
- 1 łyżka granulatu kawy rozpuszczalnej
- ¼ łyżeczki soli
- ¼ łyżeczki proszku do pieczenia
- ¼ łyżeczki sody oczyszczonej
- 4 uncje roztopionej ciemnej czekolady
- Pokruszone laski cukierków lub cukierki miętowe do dekoracji

INSTRUKCJE:

a) Rozgrzej piekarnik do 175°C i wyłóż blachę do pieczenia papierem pergaminowym.

b) W dużej misce utrzyj miękkie masło i granulowany cukier na jasną i puszystą masę.

c) Ubij jajko, ekstrakt waniliowy i ekstrakt mięty pieprzowej, aż dobrze się połączą.

d) W osobnej misce wymieszaj mąkę, kakao w proszku, granulki kawy rozpuszczalnej, sól, proszek do pieczenia i sodę oczyszczoną.

e) Stopniowo dodawaj mieszaninę suchych składników do mieszanki masła, mieszając aż do połączenia.

f) Na przygotowaną blachę do pieczenia nakładać zaokrąglone łyżeczki ciasta, zachowując odstępy około 2 cali.

g) Używając grzbietu łyżki lub palców, delikatnie spłaszcz każdą kulkę ciasta na cienki krążek. Ciasteczka urosną w trakcie pieczenia, więc upewnij się, że są wystarczająco cienkie.

h) Piec w nagrzanym piekarniku przez około 10-12 minut lub do momentu, aż brzegi się zetną, a ciasteczka będą chrupiące.

i) Wyjmij ciasteczka z piekarnika i pozostaw je na blasze do ostygnięcia na kilka minut, a następnie przenieś je na metalową kratkę, aby całkowicie ostygły.

j) Gdy ciasteczka ostygną, na spodzie każdego ciasteczka posmaruj cienką warstwą roztopionej ciemnej czekolady.

k) Posyp pokruszone laski cukierków lub cukierki miętowe na wierzchu roztopionej czekolady, gdy jest jeszcze miękka.

l) Przed podaniem lub przechowywaniem chipsów mokka-mięta poczekaj, aż czekolada całkowicie zastygnie.

55.Mokka Mus Marshmallow

SKŁADNIKI:
- 1 szklanka gęstej śmietanki
- ¼ szklanki granulowanego cukru
- 2 łyżki niesłodzonego kakao w proszku
- 1 łyżka granulatu kawy rozpuszczalnej rozpuszczona w 1 łyżce gorącej wody
- 1 łyżeczka ekstraktu waniliowego
- 2 szklanki mini pianek marshmallow

INSTRUKCJE:

a) W misce miksującej ubij ciężką śmietankę, cukier granulowany, kakao w proszku, rozpuszczoną kawę i ekstrakt waniliowy, aż utworzą się miękkie szczyty.

b) Delikatnie wymieszaj mini pianki marshmallow, aż zostaną równomiernie rozłożone.

c) Nałóż łyżką mus z pianki marshmallow do szklanek lub misek.

d) Przechowywać w lodówce przez co najmniej 2 godziny lub do momentu, aż mus stwardnieje i schłodzi się.

e) Opcjonalnie: przed podaniem udekoruj dodatkowymi mini piankami marshmallow lub posyp kakao w proszku.

56.Ciasto mokka z toffi

SKŁADNIKI:
DO SKORUPY:
- 1 ½ szklanki pokruszonych ciasteczek czekoladowych (takich jak czekoladowe krakersy graham lub wafle czekoladowe)
- 6 łyżek roztopionego niesolonego masła

DO WYPEŁNIENIA:
- 1 szklanka gęstej śmietanki
- ½ szklanki mleka
- ¼ szklanki granulowanego cukru
- 2 łyżki granulatu kawy rozpuszczalnej
- 1 łyżka skrobi kukurydzianej
- ¼ łyżeczki soli
- 4 duże żółtka
- 1 łyżeczka ekstraktu waniliowego
- ½ szklanki kawałków toffi lub pokruszonych cukierków toffi

NA polewę:
- 1 szklanka gęstej śmietanki
- 2 łyżki cukru pudru
- ½ łyżeczki ekstraktu waniliowego
- wiórki czekoladowe lub kakao do dekoracji (opcjonalnie)

INSTRUKCJE:
a) Rozgrzej piekarnik do 175°C (350°F).
b) W misce wymieszaj pokruszone ciasteczka czekoladowe i roztopione masło. Mieszaj, aż okruchy będą równomiernie pokryte.
c) Wciśnij mieszaninę okruchów na dno i boki 9-calowego naczynia na ciasto, aby uformować skórkę.
d) Ciasto pieczemy w nagrzanym piekarniku przez około 10 minut. Wyjmij z piekarnika i pozostaw do całkowitego ostygnięcia.
e) W rondlu wymieszaj ciężką śmietankę, mleko, cukier granulowany, granulki kawy rozpuszczalnej, skrobię kukurydzianą i sól. Mieszaj, aż granulki kawy i skrobia kukurydziana się rozpuszczą.
f) Postaw rondelek na średnim ogniu i gotuj, ciągle mieszając, aż mieszanina zgęstnieje i zacznie lekko wrzeć.
g) W osobnej misce ubić żółtka. Stopniowo dodawaj niewielką ilość gorącej śmietany do żółtek, cały czas ubijając. To zahartuje jajka i zapobiegnie ich rozbijaniu.
h) Powoli wlewaj hartowaną masę jajeczną z powrotem do rondla, ciągle mieszając.
i) Kontynuuj gotowanie mieszaniny na średnim ogniu, ciągle mieszając, aż zgęstnieje do konsystencji przypominającej budyń. Zdjąć z ognia.
j) Mieszaj ekstrakt waniliowy i kawałki toffi, aż zostaną równomiernie rozłożone w nadzieniu.
k) Nadzienie wylewamy na wystudzony spód i równomiernie rozprowadzamy.
l) Przykryj ciasto folią tak, aby dotykało powierzchni nadzienia, aby zapobiec tworzeniu się kożucha. Schładzaj w lodówce przez co najmniej 4 godziny lub do momentu stwardnienia.
m) Przed podaniem przygotować polewę z bitej śmietany. W misce miksującej ubijaj gęstą śmietanę, cukier puder i ekstrakt waniliowy, aż uzyskasz miękką pianę.
n) Na schłodzony placek posmaruj lub wylej bitą śmietanę.
o) Opcjonalnie: Udekoruj wiórkami czekolady lub posypką kakaową.
p) Pokrój i podawaj ciasto mokka z toffi i ciesz się jego bogatym, kremowym i rozkosznym smakiem!
q) To ciasto mokka z toffi z pewnością zaimponuje połączeniem kawy, toffi i czekolady. To doskonały deser na każdą okazję lub zaspokajający ochotę na słodycze.

57. Sorbet mokkowy

SKŁADNIKI:

- 1 filiżanka zaparzonej mocnej kawy
- 1 szklanka granulowanego cukru
- ½ szklanki kakao w proszku
- ½ łyżeczki ekstraktu waniliowego
- Szczypta soli
- 2 łyżki wódki

INSTRUKCJE:

a) W rondelku wymieszaj zaparzoną kawę i cukier granulowany. Podgrzewaj na średnim ogniu, często mieszając, aż cukier całkowicie się rozpuści.
b) Zdejmij rondelek z ognia i wymieszaj proszek kakaowy, aż całkowicie się połączy i będzie gładki.
c) Wymieszaj ekstrakt waniliowy i sól.
d) Opcjonalnie: Jeśli używasz wódki, wymieszaj ją z mieszaniną. Dodatek alkoholu zapobiegnie zbyt mocnemu zamarzaniu sorbetu i zapewni gładszą konsystencję.
e) Pozostawić mieszaninę do ostygnięcia do temperatury pokojowej, następnie przenieść ją do zakrytego pojemnika i przechowywać w lodówce przez co najmniej 4 godziny lub przez noc, aby dokładnie schłodzić.
f) Po schłodzeniu masę wlać do maszyny do lodów i ubijać zgodnie z instrukcją producenta, aż uzyska konsystencję przypominającą sorbet.
g) Sorbet przełóż do zamykanego pojemnika i włóż do zamrażarki na kilka godzin lub do momentu, aż stwardnieje.
h) Kiedy sorbet będzie gotowy do podania, odstaw go na kilka minut w temperaturze pokojowej, aby lekko zmiękł.
i) Nałóż sorbet mokkowy do miseczek lub rożków i ciesz się jego bogatym i orzeźwiającym kawowo-czekoladowym smakiem.

58. Kopułki makaroników z orzechami laskowymi i mokką

SKŁADNIKI:
NA MUSZKI MAKARONIKA:
- 1 szklanka cukru pudru
- ¾ szklanki mąki migdałowej
- 2 łyżki kakao w proszku
- 2 łyżki granulatu kawy rozpuszczalnej
- 2 duże białka jaj
- ¼ szklanki granulowanego cukru
- Szczypta soli

NA NADZIENIE MOCHA-ORZECH LASKOWY:
- 1 szklanka kremu z orzechów laskowych (np. Nutella)
- ¼ szklanki gęstej śmietanki
- 1 łyżka granulatu kawy rozpuszczalnej

DO MONTAŻU:
- ¼ szklanki orzechów laskowych, prażonych i posiekanych (do dekoracji)
- Opcjonalnie: jadalny pył złoty lub cukier puder do dekoracji

INSTRUKCJE:
w przypadku Skorupek Makaronika:
a) Rozgrzej piekarnik do 165°C i wyłóż dwie blachy do pieczenia papierem pergaminowym.
b) W misce przesiej razem cukier puder, mąkę migdałową, kakao w proszku i granulki kawy rozpuszczalnej. Odłożyć na bok.
c) W osobnej misce ubijaj białka na średnich obrotach, aż się spienią.
d) Do białek stopniowo dodawaj granulowany cukier i sól, cały czas ubijając. Zwiększ prędkość do maksymalnej i ubijaj, aż utworzy się sztywna piana.
e) Delikatnie wymieszaj mieszaninę suchych składników z ubitymi białkami, używając szpatułki. Mieszaj, aż ciasto będzie gładkie i dobrze połączone.
f) Ciasto makaronikowe przełóż do rękawa cukierniczego z okrągłą końcówką.
g) Wyciskaj małe krążki o średnicy około 1 cala na przygotowane blachy do pieczenia. Zostaw trochę odstępu pomiędzy każdym makaronikiem.
h) Kilka razy postukaj blachą do pieczenia o blat, aby uwolnić pęcherzyki powietrza i lekko spłaszcz makaroniki.

i) Pozostaw makaroniki w temperaturze pokojowej na około 15-30 minut, aby na powierzchni utworzyła się lekka skórka.

j) Piec skorupki makaroników w nagrzanym piekarniku przez około 12-15 minut lub do czasu, aż się zetną i będą łatwo odrywać się od pergaminu.

k) Wyjmij skorupki makaroników z piekarnika i pozostaw je do całkowitego ostygnięcia na blasze do pieczenia, a następnie ostrożnie je obierz.

na nadzienie mokka-orzech laskowy:

l) W misce wymieszaj krem z orzechów laskowych, gęstą śmietankę i granulki kawy rozpuszczalnej. Mieszaj, aż dobrze się połączą i będą gładkie.

m) Przenieść masę wypełniającą do rękawa cukierniczego wyposażonego w okrągłą końcówkę.

do montażu:

n) Połącz schłodzone skorupy makaroników w pary o podobnych rozmiarach.

o) Wyciśnij dużą ilość nadzienia z orzechów laskowych mokka na płaską stronę jednej skorupy makaronika z każdej pary.

p) Delikatnie przełóż nadzienie drugą skorupą makaronika, lekko dociskając, aby dobrze przylegało.

q) Powtórz tę czynność z pozostałymi skorupkami makaroników i nadzieniem.

r) Opcjonalnie: Posyp kopułki makaroników jadalnym złotym pyłem lub cukrem pudrem do dekoracji.

s) Posyp prażonymi i posiekanymi orzechami laskowymi wierzch każdego kopułki makaronika, aby dodać tekstury i smaku.

t) Włóż kopułki makaroników do lodówki na co najmniej 1 godzinę, aby nadzienie stwardniało.

SOSY

59. Sos Kahlua Mocha

SKŁADNIKI:

- ½ szklanki gęstej śmietanki
- ¼ szklanki granulowanego cukru
- 2 łyżki niesłodzonego kakao w proszku
- 1 łyżka granulatu kawy rozpuszczalnej
- 2 łyżki Kahlua (likieru kawowego)
- 4 uncje półsłodkiej czekolady, posiekanej
- 1 łyżka niesolonego masła
- ½ łyżeczki ekstraktu waniliowego

INSTRUKCJE:

a) W rondlu wymieszaj ciężką śmietankę, cukier granulowany, kakao w proszku i granulki kawy rozpuszczalnej. Mieszaj, aż cukier i granulki kawy się rozpuszczą.

b) Postaw rondelek na średnim ogniu i doprowadzaj mieszaninę do wrzenia, ciągle mieszając.

c) Zdejmij rondelek z ognia i dodaj Kahlua.

d) Dodaj posiekaną półsłodką czekoladę i mieszaj, aż czekolada całkowicie się rozpuści, a mieszanina będzie gładka.

e) Mieszaj niesolone masło i ekstrakt waniliowy, aż masło się rozpuści i połączy.

f) Przed podaniem sos należy lekko ostudzić. Zgęstnieje w miarę ochładzania.

g) Użyj sosu Kahlua mokka jako polewy do lodów, ciasteczek i innych deserów. Cieszyć się!

60. Sos Krówkowy Mokka

SKŁADNIKI:

- 1 szklanka gęstej śmietanki
- ½ szklanki granulowanego cukru
- ¼ szklanki niesłodzonego kakao w proszku
- 1 łyżka granulatu kawy rozpuszczalnej
- 4 uncje półsłodkiej czekolady, posiekanej
- 2 łyżki niesolonego masła
- ½ łyżeczki ekstraktu waniliowego

INSTRUKCJE:

a) W rondlu wymieszaj ciężką śmietankę, cukier granulowany, kakao w proszku i granulki kawy rozpuszczalnej. Mieszaj, aż cukier i granulki kawy się rozpuszczą.
b) Postaw rondelek na średnim ogniu i doprowadzaj mieszaninę do wrzenia, ciągle mieszając.
c) Zdejmij rondelek z ognia i dodaj posiekaną półsłodką czekoladę. Mieszaj, aż czekolada całkowicie się rozpuści, a masa będzie gładka.
d) Mieszaj niesolone masło i ekstrakt waniliowy, aż masło się rozpuści i połączy.
e) Przed podaniem sos należy lekko ostudzić. Zgęstnieje w miarę ochładzania.
f) Użyj sosu krówkowego mokka jako polewy do lodów, ciasteczek i innych deserów. Cieszyć się!

61.Sos Mokka z Rumem

SKŁADNIKI:

- ½ szklanki gęstej śmietanki
- ¼ szklanki granulowanego cukru
- 2 łyżki niesłodzonego kakao w proszku
- 1 łyżka granulatu kawy rozpuszczalnej
- 2 łyżki rumu
- 4 uncje mlecznej czekolady, posiekanej
- 1 łyżka niesolonego masła
- ½ łyżeczki ekstraktu waniliowego

INSTRUKCJE:

a) W rondlu wymieszaj ciężką śmietankę, cukier granulowany, kakao w proszku i granulki kawy rozpuszczalnej. Mieszaj, aż cukier i granulki kawy się rozpuszczą.

b) Postaw rondelek na średnim ogniu i doprowadzaj mieszaninę do wrzenia, ciągle mieszając.

c) Zdejmij rondelek z ognia i dodaj rum.

d) Dodaj posiekaną mleczną czekoladę i mieszaj, aż czekolada całkowicie się rozpuści, a masa będzie gładka.

e) Mieszaj niesolone masło i ekstrakt waniliowy, aż masło się rozpuści i połączy.

f) Przed podaniem sos należy lekko ostudzić. Zgęstnieje w miarę ochładzania.

g) Polej sosem z rumu mokka ciasta, budynie i inne desery. Cieszyć się!

62.Sos Mocha Tia Maria

SKŁADNIKI:

- 1 szklanka gęstej śmietanki
- ¼ szklanki granulowanego cukru
- 2 łyżki niesłodzonego kakao w proszku
- 1 łyżka granulatu kawy rozpuszczalnej
- 2 łyżki likieru Tia Maria
- 4 uncje posiekanej ciemnej czekolady
- 1 łyżka niesolonego masła
- ½ łyżeczki ekstraktu waniliowego

INSTRUKCJE:

a) W rondlu wymieszaj ciężką śmietankę, cukier granulowany, kakao w proszku i granulki kawy rozpuszczalnej. Mieszaj, aż cukier i granulki kawy się rozpuszczą.

b) Postaw rondelek na średnim ogniu i doprowadzaj mieszaninę do wrzenia, ciągle mieszając.

c) Zdejmij rondelek z ognia i dodaj likier Tia Maria.

d) Dodaj posiekaną gorzką czekoladę i mieszaj, aż czekolada całkowicie się rozpuści, a masa będzie gładka.

e) Mieszaj niesolone masło i ekstrakt waniliowy, aż masło się rozpuści i połączy.

f) Przed podaniem sos należy lekko ostudzić. Zgęstnieje w miarę ochładzania.

g) Skrop sosem Mocha Tia Maria desery, takie jak lody, ciasta lub ciasteczka. Alternatywnie można go użyć jako sosu do maczania owoców lub posmarować nim naleśniki lub naleśniki.

h) Resztki sosu przechowuj w szczelnym pojemniku w lodówce do tygodnia. Przed użyciem delikatnie podgrzej.

63.Sos z orzechów mokka

SKŁADNIKI:

- 1 szklanka gęstej śmietanki
- ½ szklanki granulowanego cukru
- 2 łyżki niesłodzonego kakao w proszku
- 1 łyżka granulatu kawy rozpuszczalnej
- 4 uncje półsłodkiej czekolady, posiekanej
- 1 łyżka niesolonego masła
- ½ łyżeczki ekstraktu waniliowego
- ½ szklanki posiekanych orzechów włoskich

INSTRUKCJE:

a) W rondlu wymieszaj ciężką śmietankę, cukier granulowany, kakao w proszku i granulki kawy rozpuszczalnej. Mieszaj, aż cukier i granulki kawy się rozpuszczą.
b) Postaw rondelek na średnim ogniu i doprowadzaj mieszaninę do wrzenia, ciągle mieszając.
c) Zdejmij rondelek z ognia i dodaj posiekaną półsłodką czekoladę. Mieszaj, aż czekolada całkowicie się rozpuści, a masa będzie gładka.
d) Mieszaj niesolone masło i ekstrakt waniliowy, aż masło się rozpuści i połączy.
e) Przed podaniem sos należy lekko ostudzić. Zgęstnieje w miarę ochładzania.
f) Wmieszaj posiekane orzechy włoskie do sosu mokka.
g) Użyj sosu z orzechów mokki jako polewy do lodów, ciasteczek i innych deserów. Cieszyć się!
h) Te sosy mokka dodają pysznego i dekadenckiego akcentu różnym deserom. Niezależnie od tego, czy wolisz wersję słodko-gorzką, z dodatkiem Kahlua, krówkową, rumową, satynową, klasyczną czy orzechową, te sosy wzmocnią smak Twoich ulubionych słodkich smakołyków. Cieszyć się!

TRZĘSIE SIĘ I KOKTAJLE

64. Mrożona mokka z czarnego lasu

SKŁADNIKI:

- 4 łyżki espresso
- lód
- 1 łyżka syropu czekoladowego
- 1 łyżka syropu wiśniowego
- ½ łyżki syropu kokosowego
- 16 łyżek zimnego mleka
- Bita śmietana; do polewy
- Ogolona czekolada; do polewy
- 1 wiśnia; do przybrania

INSTRUKCJE:

a) Wlej espresso do 12-uncjowej szklanki wypełnionej lodem.
b) Dodać syropy i mleko, wymieszać.
c) Na wierzch połóż dużą porcję bitej śmietany i startej czekolady, a następnie udekoruj wiśnią.

65. Koktajl białkowy Mocha

SKŁADNIKI:

- 1 szklanka kawy parzonej na zimno
- 1 szklanka mleka (mlecznego lub roślinnego)
- 1 miarka odżywki białkowej czekoladowej
- 1 łyżka kakao w proszku
- 1 łyżka masła migdałowego lub masła orzechowego
- Kostki lodu (opcjonalnie)

INSTRUKCJE:

a) W blenderze połącz kawę parzoną na zimno, mleko, białko czekoladowe w proszku, kakao w proszku i masło migdałowe.

b) Mieszaj, aż masa będzie gładka i dobrze połączona.

c) W razie potrzeby dodaj kostki lodu i ponownie zmiksuj, aby uzyskać schłodzony koktajl białkowy.

d) Przelej do szklanki i ciesz się koktajlem proteinowym mokka.

66. Koktajl bananowo-mokkowy

SKŁADNIKI:

- 1 dojrzały banan
- 1 szklanka kawy parzonej na zimno
- ½ szklanki mleka (mlecznego lub roślinnego)
- 1 łyżka kakao w proszku
- 1 łyżka miodu lub wybranego słodzika
- Kostki lodu (opcjonalnie)

INSTRUKCJE:

a) W blenderze połącz dojrzałego banana, kawę parzoną na zimno, mleko, kakao i miód.
b) Mieszaj, aż masa będzie gładka i kremowa.
c) W razie potrzeby dodaj kostki lodu i ponownie zmiksuj, aby uzyskać schłodzone smoothie.
d) Przelej do szklanki i delektuj się orzeźwiającym koktajlem bananowo-mokka.

67.Koktajl mleczny ze słodu mokka i karmelu Oreo

SKŁADNIKI:
- 6 gałek lodów kawowych Blue Bell
- 6 Mokka Karmelowe Latte Oreo
- 2 łyżki słodowego mleka w proszku
- 1/4 szklanki mleka

INSTRUKCJE:

a) Wszystkie składniki umieścić w blenderze.

b) Dobrze wymieszaj, aż wszystko się dobrze połączy i uzyska gładką kremową konsystencję.

68. Mokka Frappuccino

SKŁADNIKI:

- 1 uncja wódki
- 1 uncja likieru kawowego
- 1 uncja likieru czekoladowego
- 2 uncje mleka
- 1 uncja espresso
- 1 szklanka kostek lodu

INSTRUKCJE:

a) W blenderze połącz wódkę, likier kawowy, likier czekoladowy, mleko, espresso i kostki lodu.

b) Mieszaj na dużej prędkości, aż masa będzie gładka i pienista.

c) Wlać mieszaninę do wysokiej szklanki.

d) Opcjonalnie można udekorować bitą śmietaną i odrobiną syropu czekoladowego.

e) Podawaj ze słomką i ciesz się smakiem!

69. Mokka w starym stylu

SKŁADNIKI:
- 2 uncje bourbona
- ½ uncji likieru kawowego
- ¼ uncji prostego syropu
- 2 krople gorzkiej czekolady
- Skórka pomarańczowa do dekoracji
- Kostki lodu

INSTRUKCJE:

a) W szklance typu staromodnego rozmieszać skórkę pomarańczową i syrop cukrowy.
b) Napełnij szklankę kostkami lodu.
c) Dodaj bourbon, likier kawowy i gorzkie czekolady.
d) Mieszaj delikatnie do połączenia.
e) Udekoruj pomarańczowym akcentem.
f) Podawaj i ciesz się!

70. Lawina błotna Mokki

SKŁADNIKI:

- 1 uncja wódki
- 1 uncja likieru kawowego
- 1 uncja irlandzkiego likieru śmietankowego
- 2 uncje mleka lub śmietanki
- 1 uncja syropu czekoladowego
- Kostki lodu

INSTRUKCJE:

a) Napełnij blender kostkami lodu.
b) Dodać wódkę, likier kawowy, irlandzki likier śmietankowy, mleko lub śmietankę i syrop czekoladowy.
c) Mieszaj na dużej prędkości, aż masa będzie gładka i kremowa.
d) Do szklanki wlej odrobinę syropu czekoladowego.
e) Wlać zmieszaną mieszaninę do szklanki.
f) Opcjonalnie można posypać bitą śmietaną i odrobiną kakao.
g) Podawaj ze słomką i ciesz się smakiem!

71. Mokka Trzepnięcie

SKŁADNIKI:
- 1 ½ uncji rumu
- ½ uncji likieru kawowego
- ½ uncji ciemnego kremu kakaowego
- ½ uncji espresso
- 1 całe jajko
- Kostki lodu

INSTRUKCJE:

a) Napełnij shaker do koktajli kostkami lodu.

b) Do shakera dodaj rum, likier kawowy, ciemny krem kakaowy, espresso i całe jajko.

c) Energicznie potrząsaj przez około 20-30 sekund.

d) Przecedź mieszaninę do schłodzonej szklanki.

e) Opcjonalnie możesz zetrzeć na wierzch odrobinę gałki muszkatołowej do dekoracji.

f) Podawaj i ciesz się!

72.Mokka Martini

SKŁADNIKI:
- 1 shot espresso
- 1 ½ uncji wódki
- 1 uncja likieru czekoladowego

INSTRUKCJE:
a) Wszystkie składniki wstrząśnij z lodem i przelej do kieliszka do martini.

KAWA MOCHA

73.Klasyczna Mokka

SKŁADNIKI:

- 18 g mielonego espresso lub 1 kapsułka espresso
- 250ml mleka
- 1 łyżeczka czekolady pitnej

INSTRUKCJE:

a) Zaparz w ekspresie około 35 ml espresso i wlej je na dno filiżanki. Dodać czekoladę pitną i dokładnie wymieszać, aż masa stanie się gładka.
b) Użyj nasadki do gotowania na parze, aby spienić mleko tak, aby na jego powierzchni utworzyła się piana o grubości około 4–6 cm. Trzymaj dzbanek na mleko z dzióbkiem około 3-4 cm nad filiżanką i wlewaj mleko równym strumieniem.
c) Gdy poziom płynu w filiżance się podniesie, przysuń dzbanek na mleko jak najbliżej powierzchni napoju, kierując go w stronę środka.
d) Gdy dzbanek na mleko prawie dotknie powierzchni kawy, przechyl go, aby nalać szybciej. Robiąc to, mleko uderzy w tył filiżanki i naturalnie złoży się, tworząc dekoracyjny wzór na wierzchu mokki.

74. Mrożona mocha cappuccino

SKŁADNIKI:

- ¼ szklanki Pół na pół
- 1 łyżka syropu czekoladowego
- 1 filiżanka gorącego podwójnego espresso lub bardzo mocnej kawy
- 4 kostki lodu

INSTRUKCJE:

a) Syrop czekoladowy wymieszaj z parującą kawą, aż się rozpuści. Następnie w blenderze zmiksuj kawę z pół na pół i kostkami lodu.
b) Mieszaj energicznie przez 2 do 3 minut.
c) Podawać natychmiast w wysokiej, schłodzonej szklance.

75. Mocha Uderzony

SKŁADNIKI:

- 18 kostek lodu (maksymalnie 22)
- 7 uncji kawy o podwójnej mocy, schłodzonej
- ½ szklanki sosu czekoladowego (lub syropu)
- 2 łyżki syropu waniliowego
- Bita śmietana

INSTRUKCJE:

a) Użyj blendera.
b) Do blendera włóż lód, kawę, sos czekoladowy i syrop. Mieszaj, aż będzie gładka. Wlać do dużej, wysokiej, schłodzonej szklanki typu fontanna sodowa.
c) Udekoruj kleksem bitej śmietany lub gałką lodów.

76. Godiva Mocha Uderzony

SKŁADNIKI:

- ½ uncji Ciemno palonej kawy
- 1 łyżka niesłodzonego kakao
- 1 łyżka Cukier
- ¼ kwarty (½ pinty) Lody kawowe
- 3 łyżki mleka

INSTRUKCJE:

a) Zaparz mocną kawę, używając 4 szklanek zimnej wody.
b) Wymieszaj kakao i cukier.
c) Wmieszać do gorącej kawy.
d) Ostudzić, a następnie ochłodzić.
e) Porcjami zmiksuj schłodzoną kawę, lody i mleko w blenderze, aż masa będzie gładka i pienista.
f) Wlać mieszaninę uderzony do szklanek.
g) Na wierzch przesiej kakao i podawaj ze słomkami.

77. Mrożone Mochaccino

SKŁADNIKI:
- 1 szklanka lodów waniliowych lub mrożonego jogurtu
- 1 łyżka cukru
- ¼ szklanki gęstej śmietany, delikatnie ubitej
- ½ filiżanki parzonego espresso, schłodzonego
- 6 łyżek syropu czekoladowego
- ½ szklanki mleka

INSTRUKCJE:
a) Do blendera włóż espresso, syrop czekoladowy, cukier i mleko, a następnie zmiksuj, aż składniki się dobrze połączą.
b) Do masy dodaj lody lub jogurt i mieszaj, aż uzyskasz gładką konsystencję.
c) Powstałą mieszaninę rozlej do dwóch schłodzonych szklanek i udekoruj każdą bitą śmietaną i kawałkami czekolady lub posypką cynamonu lub kakao.

78.Brazylijska Mocha Cola

SKŁADNIKI:

- 2 łyżki niesłodzonego kakao w proszku
- ¼ szklanki gorącej wody
- wiórki czekoladowe lub kakao do dekoracji (opcjonalnie)
- ¼ szklanki mleka (pełnego lub według uznania)
- Bita śmietana (opcjonalnie)
- 1 filiżanka świeżo parzonej kawy
- 3 łyżki cukru
- Kostki lodu
- 1 puszka coli (12 uncji), schłodzona

INSTRUKCJE:

a) Rozpocznij od przygotowania filiżanki świeżej i gorącej kawy, korzystając z preferowanego ekspresu do kawy lub metody parzenia.
b) W osobnej misce wymieszaj niesłodzone kakao i cukier.
c) Do mieszanki kakao i cukru dodaj ¼ szklanki gorącej wody. Dokładnie wymieszaj, aż kakao i cukier całkowicie się rozpuszczą, tworząc syrop czekoladowy.
d) Do syropu czekoladowego wlej świeżo zaparzoną gorącą kawę i mieszaj, aż składniki dobrze się połączą, uzyskując mieszankę mokki.
e) Do mieszanki mokki dodaj ¼ szklanki mleka i wymieszaj. Dostosuj słodkość według własnych upodobań, w razie potrzeby dodając więcej cukru.
f) Wybierz preferowaną ilość kostek lodu i napełnij nimi szklankę.
g) Ostrożnie wlej mieszaninę mokki na lód w szklance, wypełniając ją do połowy.
h) Stopniowo wlewaj schłodzoną colę do mieszanki mokki w szklance. To połączenie kawy, kakao i coli stworzy zachwycającą mieszankę smaków i musowania.
i) Jeśli chcesz, możesz opcjonalnie dodać porcję bitej śmietany do brazylijskiej Mocha Coli.
j) Aby dodać smaku i prezentacji, rozważ udekorowanie wiórkami czekolady lub posypką kakao w proszku.
k) Podawaj od razu brazylijską mokkę i delektuj się wyjątkową fuzją smaków kawy i coli!

79. Pikantna meksykańska mokka

SKŁADNIKI:

- 2 łyżki cukru pudru
- 1 łyżka niesłodzonej mielonej czekolady Ghirardelli w proszku
- 2 łyżki gęstej śmietany lub pół na pół
- ¼ łyżeczki wietnamskiego cynamonu kasja
- 6 uncji mocnej kawy
- ¼ łyżeczki ziela angielskiego jamajskiego
- ⅛ łyżeczki pieprzu cayenne

INSTRUKCJE:
a) W małej misce wymieszaj wszystkie suche składniki.
b) Wlej kawę do obszernego kubka i wymieszaj z kakao, aż się dokładnie połączy.
c) Następnie dodać śmietanę do smaku.

80. Mokka miętowa

SKŁADNIKI:

- 2 łyżki kakao w proszku
- 2 łyżki cukru
- 1 filiżanka parującej gorącej kawy
- ¼ łyżeczki ekstraktu z mięty pieprzowej
- Bita śmietana (opcjonalnie)

INSTRUKCJE:

a) Przygotuj filiżankę mocnej kawy.
b) W drugiej misce wymieszaj kakao i cukier.
c) Mieszankę kakaowo-cukrową wmieszać do gorącej kawy, aż do całkowitego rozpuszczenia.
d) Dodać ekstrakt z mięty pieprzowej i wymieszać.
e) W razie potrzeby udekoruj bitą śmietaną.
f) Ciesz się miętową mokką!

81. Mokka Malinowa

SKŁADNIKI:
- 2 łyżki syropu malinowego
- 1 filiżanka parującej gorącej kawy
- 2 łyżki kakao w proszku
- Bita śmietana (opcjonalnie)

INSTRUKCJE:
a) Przygotuj filiżankę mocnej kawy.
b) Wymieszać z kakao i syropem malinowym.
c) W razie potrzeby udekoruj bitą śmietaną.
d) Ciesz się malinową mokką!

82. Mokka cynamonowo-pomarańczowa

SKŁADNIKI:
- 1 filiżanka parującej gorącej kawy
- 2 łyżki kakao w proszku
- ¼ łyżeczki mielonego cynamonu
- 1 łyżka skórki pomarańczowej

INSTRUKCJE:
a) Przygotuj filiżankę mocnej kawy.
b) Wymieszać z kakao, mielonym cynamonem i skórką pomarańczową.
c) Ciesz się swoją cynamonowo-pomarańczową mokką!

83. Tosty z pianki marshmallow Cafe Mocha

SKŁADNIKI:
- 1 shot espresso lub ½ filiżanki mocnej kawy
- ½ szklanki mleka
- 2 łyżki syropu czekoladowego
- ¼ szklanki gorącej czekolady lub mieszanki kakaowej
- ¼ szklanki mini pianek marshmallow
- Bita śmietana (opcjonalnie)
- Wiórki czekoladowe (opcjonalnie)

INSTRUKCJE:
a) Zaparz shota espresso lub przygotuj filiżankę mocnej kawy. Użyj ekspresu do kawy lub ekspresu do kawy.
b) Podczas parzenia kawy przygotuj gorącą czekoladę. Można to zrobić mieszając w osobnym pojemniku ¼ szklanki gorącej wody z gorącą czekoladą lub kakao. Mieszaj, aż dobrze się rozpuści.
c) W małym rondlu podgrzej ½ szklanki mleka na małym lub średnim ogniu, aż będzie gorące, ale nie wrzące. Jeśli masz spieniacz do mleka, spienij mleko, aby uzyskać wyjątkowo kremową konsystencję.
d) Rozpocznij od dodania porcji espresso lub parzonej kawy do kubka.
e) Dodaj 2 łyżki syropu czekoladowego do kawy, upewniając się, że dobrze się wymieszały.
f) Do mieszanki kawowej stopniowo wlewamy przygotowaną gorącą czekoladę i dokładnie mieszamy do połączenia smaków.
g) Ostrożnie wlewaj gorące, spienione mleko do mieszanki kawowej, używając łyżki, aby utrzymać piankę do czasu, aż mleko zacznie wypływać.
h) Spersonalizuj swoją Toasted Marshmallow Cafe Mocha za pomocą mini pianek marshmallow według własnego uznania, dodając tyle, ile chcesz.
i) Aby uzyskać jeszcze bardziej rozkoszny akcent, jeśli chcesz, możesz go udekorować kleksem bitej śmietany i odrobiną wiórków czekoladowych.
j) Jeśli masz palnik kuchenny, możesz delikatnie podgrzać pianki na wierzchu, aż staną się złotobrązowe i lekko chrupiące. Zachowaj ostrożność, aby zapobiec poparzeniom.
k) Na koniec włóż słomkę lub długą łyżkę, delikatnie zamieszaj i delektuj się wyśmienitą Mokką Toasted Marshmallow Cafe!

84.Makieta Miętowy Mokka

SKŁADNIKI:
- 1 shot espresso
- 1 uncja syropu czekoladowego
- ½ uncji syropu miętowego
- Kostki lodu
- Mleko lub śmietana (opcjonalnie)

INSTRUKCJE:
a) Wstrząśnij espresso, syrop czekoladowy i syrop miętowy z lodem.
b) W razie potrzeby dodaj mleko lub śmietankę.

85. Mokka z białej czekolady

SKŁADNIKI:

- 1 shot espresso
- 1 szklanka gorącego mleka
- 2 łyżki syropu z białej czekolady

INSTRUKCJE:

a) Zaparz shota espresso.
b) Podgrzej mleko, aż będzie gorące, ale nie bulgoczące.
c) Wymieszać z syropem z białej czekolady.
d) Do filiżanki wlej espresso, zalej gorącym mlekiem i zamieszaj.

86. Mokka kokosowa

SKŁADNIKI:

- 1 shot espresso
- 1 szklanka gorącego mleka
- 2 łyżki kakao w proszku
- 2 łyżki syropu kokosowego

INSTRUKCJE:

a) Zaparz shota espresso.
b) Podgrzej mleko, aż będzie gorące, ale nie bulgoczące.
c) W osobnej misce wymieszaj kakao i syrop kokosowy.
d) Mieszankę kakaowo-kokosową wmieszać do espresso, aż się rozpuści.
e) Zalać gorącym mlekiem i wymieszać.

87. Mokka włoska espresso

SKŁADNIKI:

- 1 shot espresso (około 35ml)
- 250 ml mleka
- 1-2 łyżki kakao (dostosuj do smaku)
- 1-2 łyżki cukru (dostosuj do smaku)
- Bita śmietana (opcjonalnie, do dekoracji)
- wiórki czekoladowe (opcjonalnie, do dekoracji)

INSTRUKCJE:

a) Zacznij od zaparzenia w ekspresie pojedynczego espresso o pojemności około 35 ml. Upewnij się, że jest mocny i aromatyczny.
b) W osobnej misce wymieszaj kakao i cukier. Dostosuj ilości, aby uzyskać preferowany poziom słodyczy i czekoladowego smaku.
c) Używając parowca do mleka lub na płycie kuchennej, podgrzej mleko, aż będzie gorące, ale nie wrzące. Spieniaj mleko, aby uzyskać kremową, aksamitną konsystencję.
d) W kubku do kawy dodaj zaparzony shot espresso.
e) Do espresso wsyp mieszankę kakao i cukru. Dobrze wymieszaj, aby kakao i cukier całkowicie się rozpuściły.
f) Do mieszanki espresso wlej spienione mleko, pozwalając, aby jako pierwsze spłynęło kremowe mleko, przytrzymując piankę łyżką.
g) Jeśli chcesz, dla dodatkowej przyjemności możesz dodać do espresso Mocha Italiano porcję bitej śmietany.
h) Wykończ swoją mokkę posypując bitą śmietaną wiórkami czekolady.

88. Mokka kakaowo-orzechowa

SKŁADNIKI:

- ¾ uncji Kahlua
- ½ filiżanki gorącej kawy z orzechów laskowych (sporządzonej na bazie wegańskiej mieszanki kaw)
- 1 łyżeczka kakao w proszku
- 2 łyżki wegańskiej pół na pół (możesz użyć śmietanki bezmlecznej, takiej jak migdałowa, sojowa lub owsiana)

INSTRUKCJE:

a) Rozpocznij od przygotowania mocnej filiżanki kawy z orzechów laskowych, stosując preferowaną metodę, np. ekspres do kawy przelewowy, prasę francuską lub ekspres do kawy. Upewnij się, że kawa jest przyjazna dla wegan.
b) W trakcie zaparzania kawy delikatnie podgrzej wegańską pół na pół. Można to osiągnąć, ustawiając mały rondelek na małym ogniu lub wstawiając kuchenkę mikrofalową na około 20-30 sekund. Staraj się go ogrzać, nie doprowadzając do wrzenia.
c) Do kubka do kawy włóż Kahluę i wegańskie kakao.
d) Gdy kawa będzie już gotowa, wlej ją do kubka zawierającego Kahlua i kakao. Dokładnie wymieszaj, aby wymieszać i rozpuścić proszek kakaowy.
e) Następnie podgrzaną wegańską pół na pół wlać do mieszanki kawowej. Wymieszaj jeszcze raz do połączenia.
f) Twoja wegańska mokka kakaowa z orzechami laskowymi jest teraz przygotowana, abyś mógł się nią cieszyć. W razie potrzeby można go wzbogacić wegańską bitą śmietaną lub posypką kakaową.
g) Podawaj na gorąco i delektuj się zachwycającą fuzją aromatów kakao, orzechów laskowych i kawy, a wszystko to bez użycia jakichkolwiek produktów mlecznych.

89. Mokka z białą czekoladą i malinami

SKŁADNIKI:
- 1 shot espresso lub ½ filiżanki mocnej kawy
- 1-2 łyżki syropu malinowego
- ¼ szklanki mleka
- 2 łyżki kawałków białej czekolady lub syropu z białej czekolady
- Bita śmietana
- Świeże maliny (do dekoracji)

INSTRUKCJE:
a) Zaparz shota espresso lub przygotuj filiżankę mocnej kawy.
b) W rondlu delikatnie podgrzej kawałki mlecznej i białej czekolady na małym ogniu, ciągle mieszając, aż czekolada całkowicie się rozpuści, a mieszanina stanie się gorąca.
c) Do masy dodać syrop malinowy i dalej mieszać.
d) Do kubka wlej świeżo zaparzone espresso lub kawę.
e) Ostrożnie wlej do kawy mieszankę gorącej białej czekolady i mleka malinowego.
f) Dokończ swoje dzieło, posypując je kleksem bitej śmietany i dekorując świeżymi malinami.
g) Ciesz się rozkoszną białą czekoladą i malinową mokką!

90. Oryginalna kawa mrożona

SKŁADNIKI:
- 1/4 filiżanki kawy; błyskawiczne, zwykłe lub bezkofeinowe
- 1/4 szklanki cukru
- 1 litr lub kwarta zimnego mleka

Wskazówki

a) Kawę rozpuszczalną i cukier rozpuścić w gorącej wodzie. Wymieszaj 1 litr lub kwartę zimnego mleka i dodaj lód. Aby uzyskać smak mokki, użyj mleka czekoladowego i dodaj cukier do smaku.
b) Rozpuść 1 łyżkę **kawy rozpuszczalnej i** 2 łyżeczki cukru w 1 łyżce gorącej wody.
c) Dodać 1 szklankę zimnego mleka i wymieszać.
d) Zamiast cukru możesz dosłodzić niskokalorycznym słodzikiem

91.Kawa o smaku mokki

SKŁADNIKI:
- 1/4 szklanki suchej śmietanki bezmlecznej
- 1/3 szklanki cukru
- 1/4 filiżanki suchej kawy rozpuszczalnej
- 2 łyżki kakao

Wskazówki
a) Wszystkie składniki umieścić w mikserze, ubijać na najwyższych obrotach, aż składniki się dobrze połączą. Wymieszaj 1 1/2 łyżki stołowej z filiżanką gorącej wody.
b) Przechowywać w szczelnym słoiku. Na przykład słoik konserwowy.

92.Kawa Czekoladowa

SKŁADNIKI:

- 2 łyżki kawy rozpuszczalnej
- 1/4 szklanki cukru
- 1 szczypta soli
- 1 uncja. Kwadraty niesłodzonej czekolady
- 1 szklanka wody
- 3 szklanki mleka
- Bita śmietana

Wskazówki

a) W rondlu wymieszaj kawę, cukier, sól, czekoladę i wodę; mieszać na małym ogniu, aż czekolada się rozpuści. Gotować 4 minuty, ciągle mieszając.
b) Stopniowo dodawaj mleko, ciągle mieszając, aż się zagotuje.
c) Gdy będzie gorąca, zdejmij z ognia i ubijaj ubijaczką obrotową, aż mieszanina zacznie się pienić.
d) Rozlać do pucharków i na powierzchnię każdego wylać porcję bitej śmietany.

93. Mokka włoskie espresso

SKŁADNIKI:

- 1 filiżanka kawy rozpuszczalnej
- 1 szklanka cukru
- 4 1/2 szklanki odtłuszczonego mleka w proszku
- 1/2 szklanki kakao

Wskazówki

a) Wymieszaj wszystkie składniki razem.
b) Zmiel w blenderze na proszek.
c) Użyj 2 łyżek stołowych na jedną małą filiżankę gorącej wody.
d) Podawać w filiżankach do espresso.
e) Przechowywać w szczelnie zamkniętym słoju.
f) Słoiki konserwowe dobrze sprawdzają się do przechowywania kawy.

94. Kawy czekoladowe

SKŁADNIKI:

- 1/4 filiżanki espresso instant
- 1/4 szklanki kakao instant
- 2 szklanki Wrzącej wody – najlepiej używać wody przefiltrowanej
- Bita śmietana
- Drobno posiekana skórka pomarańczowa lub mielony cynamon

Wskazówki

a) Połącz kawę i kakao. Dodaj wrzącą wodę i mieszaj do rozpuszczenia. Wlać do filiżanek typu demitasse. Każdą porcję posypujemy bitą śmietaną, startą skórką pomarańczową i odrobiną cynamonu.

95.Czekoladowa Kawa Makaronik

SKŁADNIKI:

- Ziarna kawy Makaronik
- 1 łyżka ekstraktu waniliowego
- 1 łyżeczka ekstraktu migdałowego
- 1 łyżeczka kakao w proszku
- 1 łyżeczka cukru
- Bita śmietana do dekoracji

Wskazówki

a) Zaparz kawę.
b) Dodaj ekstrakt z wanilii i migdałów. 1 łyżeczka kakao i 1 łyżeczka cukru na filiżankę.
c) Udekoruj bitą śmietaną

96. Czekoladowo-miętowy pływak do kawy

SKŁADNIKI:
- 1/2 szklanki gorącej kawy
- 2 łyżki likieru Crème de Cacao
- 1 gałka lodów miętowo-czekoladowych

Wskazówki
a) Na każdą porcję wymieszaj 1/2 filiżanki kawy i 2 łyżki stołowe
b) likieru.
c) Na wierzch połóż gałkę lodów.

97. Mokka kakaowo-orzechowa

SKŁADNIKI:
- 3/4 uncji Kahlua
- 1/2 szklanki gorącej kawy z orzechów laskowych
- 1 łyżeczka Nestle Quick
- 2 łyżki pół na pół

Wskazówki
a) Połącz wszystkie składniki w swoim ulubionym kubku .
b) Zamieszać _

98.Kawa czekoladowo-miętowa

SKŁADNIKI:
- 1/3 filiżanki kawy mielonej
- 1 łyżeczka ekstraktu czekoladowego
- 1/2 łyżeczki ekstraktu z mięty
- 1/4 łyżeczki ekstraktu waniliowego

Wskazówki
a) Włóż kawę do blendera.
b) W filiżance połącz ekstrakty, dodaj ekstrakty do kawy.
c) Przetwarzaj do momentu wymieszania, tylko kilka sekund.
d) Przechowywać w lodówce

99. Włoska kawa z czekoladą

SKŁADNIKI:
- 2 filiżanki gorącej, mocnej kawy
- 2 szklanki gorącego tradycyjnego kakao – wypróbuj markę Hershey's
- Bita śmietana
- Tarta skórka pomarańczowa

Wskazówki
a) Połącz 1/2 filiżanki kawy i 1/2 filiżanki kakao w każdym z 4 kubków.
b) Na wierzchu udekoruj bitą śmietaną; posypać startą skórką pomarańczową.

100. Półsłodka mokka

SKŁADNIKI:

- 4 uncje Półsłodka czekolada
- 1 łyżka cukru
- 1/4 szklanki śmietanki do ubijania
- 4 filiżanki gorącej, mocnej kawy
- Bita śmietana
- Tarta skórka pomarańczowa

Wskazówki

a) Rozpuść czekoladę w ciężkim rondlu na małym ogniu.
b) Wymieszaj cukier i śmietanę.
c) Ubijaj kawę za pomocą trzepaczki, po 1/2 filiżanki na raz; kontynuować aż do uzyskania piany.
d) Całość posmaruj bitą śmietaną i posyp startą skórką pomarańczową.

WNIOSEK

Mamy nadzieję, że zbliżając się do końca „Książki kucharskiej Mocha", odkrywanie świata kawowych i czekoladowych przysmaków sprawiło Ci wielką przyjemność. Mokka to prawdziwy prezent dla naszych kubków smakowych, dlatego staraliśmy się przedstawić Ci zbiór przepisów, które naprawdę celebrują jej wyjątkowe smaki.

Od pocieszającego ciepła mokki latte po dekadenckie bogactwo deserów na bazie mokki – każdy przepis został starannie opracowany, aby zapewnić rozkoszne doznanie mokki. Zachęcamy do eksperymentowania, dostosowywania i tworzenia własnych przepisów, dostosowując je do osobistych preferencji i kulinarnych przygód.

Pamiętaj, że mokka to nie tylko smak — to doświadczenie zmysłowe, które łączy kunszt kawy z rozkoszą czekolady. To przypomnienie, aby cieszyć się prostymi przyjemnościami życia i znajdować radość w małych chwilach.

Mamy nadzieję, że „Książka kucharska Mocha" zainspirowała Cię do kreatywnej pracy w kuchni, a przepisy zawarte na jej stronach wywołały uśmiech na Twojej twarzy i ciepło w Twoim sercu. Niech każdy łyk i kęs przeniesie Cię do świata magii mokki.

Dziękujemy, że dołączyłeś do nas w tej podróży pełnej mokki. Do ponownego spotkania, udanego warzenia piwa i smacznego!

www.ingramcontent.com/pod-product-compliance
Lightning Source LLC
Chambersburg PA
CBHW071320110526
44591CB00010B/960